大是文化

成熟

身段要軟、方法要硬、自尊能顧，這是做自己的最好方式

LinkedIn強推專欄作者
破20億次點閱
陶瓷兔子 ◎著

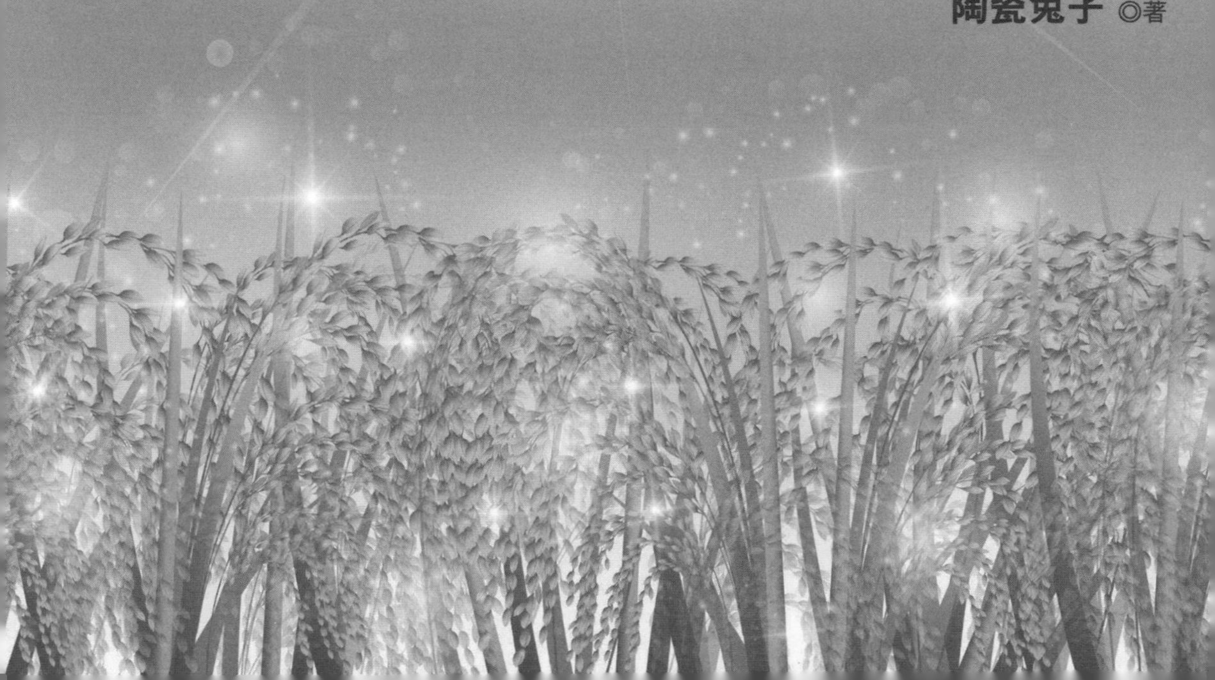

CONTENTS

第二章　忽然不想努力了，怎麼辦？ 59

第三章　懂得一個人獨處，學會與人相處 97

CONTENTS

CONTENTS

第六章 為愛而活，因痛而成長

推薦序一

生活裡總有太多猝不及防的事件

姊妹淘網站駐站作家／P's

關於成熟，我們各自有太多的解讀。有人拿來形容個性與想法，有人說的是行為，還有的人是用來描述外表。

常聽到許多對於擇偶的條件，「成熟」也算是名列前茅，多數的人只是把成熟作為幼稚的反義，但要詳述說明，總是言不及義，像是「懂得包容我、體諒我」、「不會無理取鬧，可以獨立」、「對未來很有規畫」，諸如此類。但這就是所謂的成熟嗎？我不知道，倘若這是身為情人必要的優點，那提出這些條件的人，是否也具備了相同的成熟呢？還是僅希望自己能一味的被寵著、保護著？

我們終究無法理直氣壯的說出，自己已經是個成熟的人。**生活上總是有太多猝不及防的事件，讓人只想像個孩子般不用承擔責任的逃避**，有太多狗屁倒灶的荒唐，讓自以為的成熟根本毫無用武之地。

不知道從什麼時候開始，大概是年紀到了一個歲數，某些行為彷彿在我們身上已不合時宜。好像非得逼著自己換上面具和形象，才算得上同步自己的年齡，才能符合他人對於我們的期待，才能擁有那「該有的樣子」。可我從來就不覺得，成熟與年歲應該成正比，不該被放在世俗大眾的眼光裡衡量，而是我們只和自己比較，在每個必須做出選擇的場合，在每個難過卻必須度過的關頭，我們要怎麼對自己負責。

對我來說，成熟的「成」代表著成長，「熟」則是一回生二回熟。是因為犯過的錯，和不經世事的魯莽，是因為過往的積累，花大半個青春磕磕撞撞，才能讓曾經的年少輕狂，都成記憶裡泛黃照片一張。

成熟不會是與生俱來的天賦，而是在你回首來時路，才見著自己的改變，是你某天突然發覺，再次遇見那些過去你處理不好的事情，遇見你不知道怎麼面對的人，已經可以換個角度想，也不再輕易被影響，能找到一個最好的辦法，好去見招拆招。

而我想，作者最想要在這本書裡提到的就是如此。無論是愛情、工作，或者生活與自我，從前的我們只能憑直覺行事，會得罪人，或者對不住自己，那都在所難免。所以我們要學著改變，而改變最難的莫過於要知道該怎麼變，或許這本書就是一個指南，讓我們在成熟的路上可以找到屬於我們的方向。

然而，我仍希望在這過程中，我們都能保持童心與初心，都還能擁有人性裡最重要的純真與良善。我們要變得圓滑，但不顯得油條；要懂得取捨，不會什麼都要；要懂得退讓，但不過分討好。期許我們都能成為這樣成熟的人，不只是長了年紀，而是成為我們心目中，那個更理想的樣子。

推薦序二

學會一個人面對

女性自媒體作者／白櫻

這本書我一打開就十分喜歡，作者文筆親切，就像朋友站在你面前和你對話一般。文中作者分享了許多自己的經歷，和讀者的對話，以他們的人生為鏡，從各個層面為我們闡述人生重要道理，而懂得這些道理的人，離成熟也就不遠了。

以下我分享幾段書中精闢的金句和自己的見解：

■ **我們總忙著把人生切割成很多小塊，分別託付給誰**。我們總想著遇到個好老闆就能成功，遇到好對象就能幸福，甚至提出個疑問就希望對方能解決你多年困擾，卻忘了決定這一切的是自己。你優秀，得到老闆賞識，他在你面前就會是好老闆，你讓人舒服，才會吸引好的對象到你身邊，自己的問題只能靠自己解決，更不可能被某人一夕化解，學會自己擔起人生的責任，是成熟的第一步。

■ **我只是不喜歡無意義的閒聊**。年輕時虛擲光陰，喜歡沉浸在輕鬆快樂的事上，那時你的時間不值錢，可以拿來打電動和玩樂也沒關係，但慢慢長大後，就會發現時間很珍貴，你若花在閒聊，成長的時間就變少了，人生的進步就更慢了些。於是我們學會了時間管理，開始拒絕無用社交，學會把精力花在最重要的事上，向成熟又邁進了一步。

■ 你只需要接住對方的情緒。年少時，我們總是恣意妄為，不開心就生氣，有不滿就抱怨，毫不在意聽者的感受，但一個成熟的人，就要學會接住對方的情緒。**不只要成為一個令人舒服的人，還要學會處理別人的情緒**，沒了情緒，才能談事情，無論對方是誰，這點都適用。

■ **「別人是別人，我是我。」真的？**要分清他人和自己，不但要拒絕他人意見干擾你的人生，更要學會不盲從。群眾的意見不一定是正確的，你要學會獨立思考。

比如說整間公司的人都在摸魚打混，你也要選擇做對的事，因為認真工作是為了自己，而非他人，就算被嘲笑很傻，也要堅持下去，才能活出漂亮人生。

又比如別人都結婚生子，你也要跟著照做嗎？如果一再被社會觀念綁架，就會失去自我。別人是別人，你是你，為何要照著別人的劇本過自己的人生？除非你自己真心認同，否則不要接受他人的安排，才能活出自我。他為你安排一切，卻不會代你承受苦果。若離婚或失敗了，也只能自己含淚承擔，到那時才懂得人生要掌握在自己手中，已經太晚了。

■ **不必把太多人請進生命裡**。年輕時總想要討好所有人，把自己弄得很累，最後誰也沒顧好，因為一旦你說累了不想配合，他就不喜歡你了。長大了以後才明白，你只需要在意重要的人、值得的人，把他們顧好就夠了。你會發現，生命中少了「閒雜人等」，不只沒變更差，反而變得更好了。

■ 犯錯很容易，認錯很難。**做錯了直接道歉即可，不要再加一個「可是……」**，不再為自己的錯誤找藉口，也是成熟的表現。面子真的沒那麼重要，做錯了承認錯誤並改過即可。

■ **別老是拿父母反對當理由**。如果一直活在爸媽溫暖舒適的羽翼下，不曾獨自經歷風雨，就無法成長，你總要一個人經歷過苦難，才會懂得人生的真實面貌。

學會**成熟，無非是學會用一種更好的方式和世界相處，進化成更優質的自己**。作者提供了我們許多很好的方向，照著走，就會一步步邁向更寬廣自在的世界。

前言
做自己的光

你好呀，見字如面，很開心認識你。

你翻開的這一本，是我的第五本書，但我的確是在出版這本書的這一年，才忽然意識到自己的確還算是個不差的作者。

二〇一五年，我剛出了自己的第一本書，受一位編輯姊姊邀請去參加一個行業聚會，跟我同桌的有好幾位都是行業專家，我緊張到手心冒汗，硬著頭皮做完自我介紹時，我身邊的一位大神接了一句：「妳寫的是雞湯呀。」

他說這話時是帶著微笑的，甚至還有點想要幫我放鬆下來的善意。我雖然明白他的好意，卻因此更加自慚形穢。

我們那一桌有的是某知名報紙的首席記者，有人的連載小說在網站上創下了破千萬的閱讀量，可我寫的只是因一件瑣事而生的感悟、成長中某個瞬間的小心思。從招數到段數，好像都低人一等。更別提後來公眾號（按：社群媒體粉絲團）氾濫之後，大量湧現的雞湯文讓人們直接將其與無腦勵志和口水套路畫上了等號。

我曾經問過自己很多次，我寫的真的是雞湯嗎？如果不是，那它是什麼？

我也曾經無數次因為沒辦法提供「喝湯的勺子」（按：解決的方法）而陷入糾結，但是，哪有什麼人生難題是用一、兩千字能夠說清楚的？就連聽上去最簡單的「情緒控制」，市面上專門研究這個話題的書都有幾十本。而我真的想要把每個問題都當作一本「專著」來寫上幾十萬字嗎？說實話，我也不知道。

就是帶著這樣擰巴（按：彆扭）的心情，我從二〇一五年走到了二〇一九年，一直在寫，但也一直沒有找到適合自己的定位。就在二〇一八年底，我陪一位朋友去做一場活動，活動最後留了十幾分鐘的提問時間，有個大學生模樣的女孩舉手問了我一個問題：

「我二十一歲了還沒談過戀愛，要怎樣才能找到一個合適的男朋友？」

這問題聽上去特別簡單，但真的想要給出一套方法，我至少得大概了解一下她的性格、說話方式和生活習慣，甚至是她的原生家庭情況。

任何一個細枝末節都足夠拿來聊一整個下午，天知道我要怎麼在短短的兩分鐘之內，幫一個女孩解決二十一年都找不到男朋友的問題。

於是我只好拿出雞湯作者「我給妳講個故事」的看家本領，給她講了我身邊的一位朋友以二十八歲的「高齡」遇到初戀，怎麼一見鍾情修成正果的故事。

說實話，講時蠻心虛的，我很怕在那個女孩的臉上看到，哪怕一點點「我問的是我自己，又不是妳朋友」的困惑和不屑，我腦子裡的小劇場甚至已經配上了畫外音：妳看，果然是什麼問題都解決不了的雞湯作者吧。

但是沒有。那個女孩站在離我很近的地方，我看到她點頭，看到她的眼睛一點點亮起來。活動結束之後她要了我的微信，晚上發來一段消息：

「看著身邊的女同學早早就跟人出雙入對，我一直覺得是我自己有什麼問題才談不了戀愛，但今天我忽然明白了，不是所有人的愛情都需要預演，可能對我這樣的人來講，它就是一見鍾情，**在它來之前，我只要好好做自己該做的事就夠了**。」

「謝謝妳，雖然我們才認識幾個小時，但我覺得妳懂我。」

我是在看到她的微信訊息的那一瞬間，忽然明白了我這些文章存在的意義。哪有那麼多人真的需要一、二、三、四的方法論？對大多數人來講，傾訴只是為了讓自己被懂得。我的讀者並不需要我握著他們的手教他們如何使用勺子，他們來找我提問，告訴我他們的故事，不過是想從我這裡得到一個答案：

是的，你不是一個人，還有許多你未曾謀面之人，跟你在同一戰線上奮戰。他們跟你一樣，每天都為了做自己而努力，但又不確定自己想要的到底是什麼；**他們跟你一樣**，會間歇性的躊躇滿志，持續性的混吃等死，每天從早到晚像是坐過山車（按：雲霄飛車）；他們跟你一樣，為了跟室友的關係而糾結，因為跟父母鬧矛盾而不知所措，因為內心戲滿滿而總是在同一個地方跌倒，在職場上跌過一些很蠢的坑，一個人經歷過很多、很冷、很孤單的夜晚。

我很喜歡美劇裡一句安慰人時常用的臺詞：

I've been there.

我經歷過你所經歷過的痛苦，我感受過你的孤獨，我知道你的煩惱是什麼模樣，因為它也曾經那麼多次困擾過我。但我走過來了，所以你也可以。

人生中有很多痛苦，都來自於不可描述的孤獨，而我寫下這一切的意義，並不是想要教任何人按部就班的去模仿，而是想讓看到它的每一個人知道：不，你永遠不是一個人在戰鬥。就像瑞典劇作家拉斯·努列（Lars Noren）那首詩裡寫的一樣：

這條路也許不通向任何地方，但有人從那邊過來。

我無法代替你解決人生中的任何一個難題，但我會告訴你，我自己，還有我身邊的人，都是怎麼度過難關的。我無法用一本書把你變成很厲害的人，但我會陪著你，直到你變成自己想成為的那個人。

我們相遇，那就夠了。

1

世界上最遺憾的不是求而不得，而是「我本來可以」

所謂強大，不是「我不聽、我不想、我不在乎」，而是學會從那些讓你痛苦的否定和質疑中找到出路。

01 做自己？沒什麼了不起

真正厲害的，是成為自己想要成為的那個人。永遠都不要滿足於現狀。

實習生小蒙一早把我拉進會議室，委屈的求我：「姊姊，我求妳了，我真的不想去做業務，只要能留在專案部，加班、出差什麼的我都願意。我昨晚一夜沒睡著，覺得我也沒做錯什麼事呀，為什麼要把我趕走？」

我跟她解釋了半天，比如每個新人經過培訓後都有可能被分配到不同的部門、她所表現出的溝通能力和應變能力更適合前端的銷售而不是專案的跟進。可她始終堅定的搖頭，「不行啊，我不合適。我的上升星座是雙子，我們這種星座內向指數有八〇％呢，職業性格測試和九型人格測試我也做過，都是很專業的性格測試，說我比較適合創意型工作，我這種內向安靜的理想主義者，跟業務的職位需求出入太大了，想想就覺得很痛苦。我很喜歡公司，但我也很想做自己。」

我跟ＨＲ（按：Human Resource，人資單位）協調之後，應她所求把她留在了專案部，她拉著我千恩萬謝，可是我卻覺得有點惋惜。

她或許可以成為一個很優秀的銷售明星，她或許會發現自己並沒有想像中的那樣木訥和內向。很多時候，我們身在局中，只能看到那些已經被確認過的東西，對自己的潛質和潛力卻一無所知。

在這個時代裡，我們太容易弄懂自己了。從星座到專業詳盡的性格分析，再到基因檢測，從那一組一組的資料和曲線中，我們很容易就能找到與自己有關的那個座標。A型血的人內向；金牛座的人固執；RS1725651 基因讓你容易喜怒無常。

我們在層層資料中確認與自己相符的那個點，又因為深信不疑而將這個點無限放大，成為貼在自己身上的一個標籤，風吹不掉，雨打不去。你一定也聽過用下面這種句型開始的對白：

「像我這樣的人……。」

「我們天蠍座的人都……。」

「我是〇〇型人格，這種類型的人就是……。」

那與其說是透過自我觀察得來的體會，不如說是迷信或科學大量生產的分類標記，這樣的標籤有時會讓我們頭疼，但更多時候，則像是我們的保護傘。它幫助我們繞過了很多彎路，讓我們輕易就能找到自己的定位和歸屬，但同時，它也讓我們遠離了任何可能讓我們不那麼像自己的嘗試和挑戰。

心理學上有個概念，叫自我一致性。凡是我們相信的，我們會不遺餘力的蒐集對自己有利的證據。

凡是親口說出的，我們會費盡心思的去維護乃至證明它。我們被標籤定義，然後反過來證明那些貼在身上的標籤是正確的、那些幫你弄懂「你是誰」的資料和分析是可靠的。這就像是一條輕而易舉就找到的人生的捷徑，但同時，也讓你失去了看到新鮮風景的可能。

第二季的《奇葩大會》節目上，來了個叫劉可樂的女孩，我在預告中看到她簡短的自我介紹：

我叫劉可樂，躁鬱症（又稱雙極性情感疾患）患者。

我原以為那會是一場類似「何為躁鬱症」、「躁鬱症的種種表現」以及各種「死去活來」的科普式現身說法，可是並沒有。她只是輕描淡寫的介紹了有關躁鬱症的基本常識，而更多的時間，是在講述她在自我治癒和幫助他人的過程中的心路歷程。最打動我的，是在最後一段中她講到的那個小細節：

每次在看心理醫生之前會做一個測試，測試的最後有道題目——你覺得你有躁鬱症嗎？你覺得你需要治療嗎？題目的下面有三個選項：

（A）是的，我覺得我有。（B）可能吧。（C）我覺得我沒有，不需要治療。

聽起來很奇怪，對吧？好像病理上的躁鬱症不過是自己說有就有，說沒就沒的一道選擇題，而當她第一次選擇了最後一項時，她的治療師告訴她設計這道題目的初衷：測試妳到底還在不在乎妳對自己的看法。是拿著一個已知的標籤黯然離場，還是去追求一個嶄新的可能？

自我的心理暗示何其強大，只要你不滿足，只要你不停下來，就永遠有機會突破現狀，走向更遠、更亮的地方。別心急，但也別認命。我很喜歡作家宋涵的那句話：

> 你懷裡的自我，是玻璃缸裡的金魚，生怕一碰就會掉在地上再也無法補救，還是更像一隻兔子，這隻兔子會長大，會蛻變皮毛的顏色，甚至會跳出去撒野，但它永遠歸屬於你。

它機靈好奇而又不改初衷，它想擁有更大的視野，保持對這個世界最真實的判斷，哪怕真實意味著推翻你曾經堅信不疑的所謂事實。**做自己沒什麼了不起的，真正厲害的，是成為自己想要成為的那個人**。

畢竟這世上最遺憾的，從來不是求而不得，而是你本可以。

02 毀掉你一生的預言魔咒：「我不行」

不要總是抱怨，因為你終究會活成你自己嘴裡的樣子。

一位讀者發來長長的郵件求助，我們聊了好幾個小時，聊到最後，我倆都很崩潰。

她二十五歲，大專畢業，在一家私人企業做櫃檯接待人員，被公司老總看中，各種暗示要她做自己的小三，而她的回應，則會直接反映在她的薪資單上。若她冷臉拒絕，薪資就會以「穿著不整齊」、「績效差」等莫須有的理由被扣掉三百到五百元（按：約新臺幣一千三百元到兩千兩百元，本書若無特別說明，皆是指人民幣，人民幣與新臺幣的換算匯率為四・四三比一）。若她順水推舟，陪他吃一頓飯或者任他摸摸小手，次月的薪資則會多出幾百到一千元的獎勵。

她的薪資本來就沒多少，又正好處在年輕女孩最愛買買買的年齡，好幾次她都想辭職，卻一直沒能提起勇氣，偷偷面試了好幾家公司也沒成功，於是絕望的問我該怎麼辦？

我建議她，一邊留心收集老闆騷擾她的證據力求自保，一邊學習一些職場上的實用技能，至少 Word、Excel、PowerPoint 之類的辦公室軟體都得會。

她說：「妳說得很對，**可是我**沒學歷又沒能力，年齡也不小了，還來得及嗎？」

我哭笑不得：「妳才二十五歲就覺得來不及，那我怎麼辦？」

「**可是我**跟妳不一樣啊，我天生就不是學習的料。」她發了一個攤手的表情，「其實前幾年也想學點東西，可是一翻書就打瞌睡，我天生不適合學習，不然也不至於做櫃檯接待人員的工作了。」

她最後總結：「學什麼都學不會，做什麼也做不好，像我這樣的人，肯定也找不到什麼好工作吧。」

美國社會學家羅伯特．金．默頓（Robert King Merton）提出過這樣一個理論：

我們所抱有的信念和期待會影響我們的行動，使行動變得更積極或消極，從而使我們的期待成真。

這個理論被稱為「自證預言」（按：又稱自我實現預言）。舉個例子，你出門去參加一場準備了很久的面試，剛出門就被飛馳而過的汽車濺了一身泥水，你立刻就敏銳的意識到，這是上天給你的暗示，你今天出門不利，面試肯定會出問題。

抱著這樣的想法，你在面試中非常緊張，連很多準備過的問題都答得亂七八糟，果不其然，面試失敗。於是你說：「看，我早就知道，今天一定會失敗的。」

真正讓你失敗的，是那一身意外的泥水，還是你一直在告訴自己「今天肯定完蛋」的內心？這就是自證預言的吊詭之所在，你先給自己貼上一個標籤，然後絞盡腦汁的蒐集各種證據去證明這個標籤是正確的，即便那標籤本身就是你努力迴避的魔咒。

我上初中時數學一直不好，恰好我父母的數學也不大好，於是我便篤定自己的數學成績肯定沒辦法提高了，畢竟家族遺傳就在那兒擺著，再努力也很難有突破。因此，每堂數學課我都偷偷看小說打發時間，作業也全靠借同學的來抄，到了考試時，成績自然差得一塌糊塗，而這又印證了我對自己的預期：我沒辦法學好數學。

印象很深的是高中第一次期末考試，我走了狗屎運，連猜帶矇的答對了所有選擇題，數學成績居然提高了三十多分。數學老師把我叫去辦公室，指了指試卷：「這次考得很不錯啊，今後上課認真聽，成績還能提高。」

「憑我？我不可能提高的，後面幾道題我都是瞎矇的，狗屎運而已。」

他嘆了口氣：「一直覺得妳挺聰明的，反應快、邏輯能力也好，只要認真一點肯定沒問題。我都相信妳可以，妳為什麼不信妳自己？」

對他而言，那可能不過是一句鼓勵學生時慣用的雞湯，但對我來說，它卻像是神奇的咒語，之前看不懂的公式，忽然間就明白了，之前怎麼解也解不開的方程式，忽然就變成了最簡單的填字遊戲。回頭看去，改變的契機的確在他的那句話。與安慰無關、與鼓勵無關，他只是讓我意識到，其實我不僅是我想像中的那個自己，我還能實現另一種可能。

只要那麼一點點的動搖就夠了，當你撕開遮掩你的布幕，舞臺上就有了光。我們都會成為自己預言中的自己。它既是你我對未來的期許，又是對過去經驗的不斷提煉和總結，而這兩者交織，便成就了一個人的命運。作家李笑來曾說過這樣的一句話：

不要總是抱怨，因為你終究會活成你自己嘴裡的樣子。

「你越是抱怨學習難，就越解不開那道方程式；你越是抱怨老闆壞，就越難跟他搞好關係；你越是覺得自己不值得被愛，就越不會遇到生命裡對的那個人。」

歸根究柢，我們只會遇到那些我們認為自己「配得上」的東西。這也是為什麼有的人明明很痛苦，卻沒有能力改變的原因。他們誤以為自己的問題出在職業上、出在能力上，想過其他各個方面，卻唯獨沒有想到自己心裡的那個聲音。

想要改變自我實現的預言，可以嘗試以下三步：

1. 保持翔實的記錄。

將你所做的事情翔實的記錄下來，而不是只記錄符合自證預言的那部分，不要讓記憶去篩選事實，把事件記錄下來定期回顧，可以讓你發現另一個自己。

舉個例子，如果你認為自己不喜歡社交，可以把每次社交場合中自己的感受都寫出來，不要迴避正面的感受，比如鄰居跟你熱情的打招呼，讓你覺得非常開心。

2. 在做重要的事前，多回顧自己成功的經歷。

你的生活中總會有那樣的一刻，讓你覺得自己很充實、很成功、很滿足，像是站在世界的顛峰。比如考了第一名、暗戀的男孩也喜歡妳、拿到第一份聘用函。在做重要的事情之前，多回憶這樣的時刻，可以快速增加一個人的自信。

3. 多接觸那些有成功經歷的人。

說白了，其實就是耐著性子聽別人吹牛。若對方說的都是真的，你獲得經驗；若對方說的都是假的，你獲得勇氣。無論如何，總比一群人聚在一起苦兮兮的抱怨天抱怨地要好。畢竟，這世上最遺憾的不是失敗，而是「我本來可以」。

03 我們總忙著把人生切割成很多小塊，分別託付給誰

將自己的生活託付給別人太久，久到忘記了自己曾有過選擇。

前幾天聽媒體人羅胖的語音，有一條特別有意思。羅胖的一位同事在公司裡組了一個學習小組，小組裡的每個人都有不同的分工，去追某個領域的消息，然後大家互通有無，擴充自己的知識庫。所以，羅胖的公司在招聘新人時，在面試中加入了這樣的一個問題：**如果你有一個月的空閒，可以專門去研究一個問題，你會研究什麼？**

有趣的是，這樣一個簡單的問題卻會讓有些人徹底矇掉，就算現場給他時間，他也說不出來。也有人能瞬間說出好多。或許不見得會去做，但「說得出來」這件事本身就是一種自訂任務的能力，屬於個人的長期優勢，它就是這樣一點點積累起來的。

說實話，聽到這個問題時，我也卡了殼（按：卡住），我看著早上尖峰時段的車水馬龍，像一臺被強制關機的電腦，大腦瞬間陷入一片空白：如果我有這一個月的時間，我該做些什麼？老闆會希望我研究哪個方向？同事們會給我什麼建議？我該去問誰才能得到最

好的答案？

恨不得有一張可供選擇的清單擺在我面前，哪怕只剩下一個選項，也比我自己漫無目的的瞎琢磨要好。然而這個念頭本身就讓人感到無比喪氣，就好像我這些年拚盡全力做完的一切，都只是為得到那張可供挑揀的標準化清單，而不是為了選擇自己的生活。

忽然想起剛上班時，有位三十多歲的同事的感慨：「年齡越大，越是不敢不上班，倒不是因為有多缺錢，而是離了這朝九晚五，都不知道還能幹什麼？」我當時還刻薄的在心底嘲笑她活得有多逼仄（按：狹窄），可幾年過去，離開了那個告訴我「你該做〇〇〇」的聲音，我也成了那個找不到方向的人。**我們將自己的生活託付給別人太久，久到都忘記了自己曾有過選擇**。

高中時去參加一個姊姊的婚禮，那個姊姊的父親是我父母的同事，他在致辭時熱淚盈眶：「她的前半生是我們的掌上明珠，從今天起，她的後半生就都交給你了，你一定不能讓她受氣受委屈，得一輩子對她好。」現場掌聲雷動。但我看著新娘子望著她的新郎，滿眼的崇拜中帶有些許的嬌羞和順從，總覺得好像哪裡不對，卻說不出原因。

他們婚後的日子並不是很幸福，男人長相俊秀、事業有成，拈花惹草早成了習慣，她使盡渾身解數只為防著外面那些「狐狸精」，動輒疑神疑鬼，後來索性辭職回家。兩人摩擦不斷，甚至還動過一、兩次手。她像是被吸乾了精氣神一樣快速的老去，整張臉寫滿了悲苦和對生活的怨懟，見人就抱怨起老公的種種不是，最後以一句長嘆結尾：「他說過他會對我好的……。」

再後來我們搬了家，關係也就慢慢淡了，只是有次聽我媽無意中感慨了一句：「那個〇〇〇真不容易，一個人照顧一對癱瘓的公婆，看上去都老得像四十歲了。好在老公感念她這份恩情，也肯多回家幾次。可惜了的孩子啊，學歷好、長相也好，年紀輕輕就拿到了公費出國的機會，為了守住一個男人不管不顧（按：不看顧、不照料），人倒是守住了，可自己也被耽誤了。」

我是在那一瞬間想通了在她的婚禮上，我那點莫名的違和感到底出自哪裡。她的一生，就那樣輕易的被託付給了一個人。開始是被她父母，然後是被她自己。她付出的那些心力，不亞於任何一個在職場上浴血拚殺的年輕人。可那些本可以為她開疆拓土的努力，都成了在婚姻牢籠中的困獸之鬥。

我們好像都是這樣的。找份工作，就希望自己能遇到一個好老闆；嫁個人，就希望他能滿足自己對幸福的所有渴求；就連看篇文章，也希望作者能給出一個問題的一千一百種解法。**看上去好像很忙，但也不過是忙著將自己的人生切割成很多小塊，分別託付給不同的人**，希望那些人能鉅細靡遺的告訴我們該怎麼做才能得到最好的結果。

如果我們遇到的人很糟糕，我們的生活便會隨之損毀。我們從不願意承認那也是自己的選擇，一旦承認了，就意味著你將失去抱怨的資格，我們一股腦的將生活託付出去，不過是為了得到一條並不光鮮亮麗的退路．事情就是這樣子，我已經很努力了，但我真的沒辦法呀。

就像美國心理學家弗洛姆（Erich Fromm）說過：

自由只是遠觀才好看，等你擁有了它，它就成了枷鎖。

可是人生本來不就是一場帶著鐐銬的舞蹈嗎？再沉重，那也是自己選擇的舞步。或許無法更幸福、更輕鬆，但至少能落子無悔。從來都沒有什麼「不得不」，不過是兩害相權取其輕。**對自己的人生負責，你才有資格選擇**。能按照自己的心意自由延展的生活，才最值得一過。

04 懂得彎腰，才有抬頭的機會

對現實彎彎腰，有時是對自己最好的保護。等到手中有了一副好牌，再來好好的贏一把。

週末跟閨密吃飯，她吐槽起男友，眼眶紅紅的。他們是大學同學，戀愛也談了好幾年，眼看到了論及婚嫁的當口，卻為房屋權狀上的一個名字起了口角。他們新居的頭期款來自男方父母，但由於男友做自由職業，房貸就辦到了她的名下，理所應當的，她要求自己的名字也要出現在房屋權狀上，但一向對她言聽計從的男友卻百般推諉，甚至不惜祭出「殺手鐧」：「我們這麼多年的感情了，妳為什麼不相信我？」

無論他怎麼說，她都堅持要把自己的名字寫進去，兩人幾乎吵到分手，最後以男友的妥協而告終。辦完手續之後，他嘆了口氣：「沒想到，妳其實是個這麼現實的人。」正是這句話刺痛了她，她跟他冷戰了好幾天，氣得不輕。

我覺得好笑：「房屋權狀上不寫妳的名字妳不氣，把兩個人的感情作為逼妳就範的武器妳不氣，就說一句妳現實有什麼好氣的？」

「妳不懂，他說這句話，比罵我還讓我難受。」

哪個女孩不想做掛在枝頭的白月光（按：可望而不可即的人事物）呢？可是一旦與現實牽涉過多，月光便會蒙塵，成了掛在窗前遮風擋雨的白幔子。不能再做戀人心中的那個柔弱單純又不諳世事的小仙女，想想就讓人心酸。

「那如果再來一次，妳還會要求他把妳的名字加上嗎？」我問。

她想了幾秒，明顯有些猶豫，但最後還是堅定的點點頭。我在心底為她叫了聲好，慶幸她是個足夠現實的女孩。婚姻不是只有幾句海誓山盟就夠了，也要有白紙黑字、也要有法律的保護、也要有那種「這也是我的家」的底氣。

人心與感情隨時都有發生改變的可能，真正拆不開走不散的，只有不動產。

有天跟同事閒聊，她說起自己的姊姊，哀其不幸，怒其不爭。她姊姊結婚七年，老公劈腿當場被抓，本是最有利的證據，可是姊姊卻一氣之下帶著孩子回了娘家，不顧一切的堅持離婚，不爭房子不分財產，只圖一個「快」字。

她也勸過，但每次都被姊姊的眼淚打敗：「七年的感情都沒有了，我還要這個房子幹什麼？沒了他，我也不是活不下去。」

話說得多麼鏗鏘，卻逃不過風刀霜劍（按：比喻惡劣的環境）的威逼。她前腳剛離開家，老公就帶著別人住了進去。她分到的那點財產只夠租一間狹窄的小公寓，加上孩子病了一場，生活立刻就捉襟見肘起來。不是沒有找過他，可得到的不過是帶著蔑視的嘲笑和施捨般的幾千元。「是妳自己不要的，現在來怪誰？」他說。

同事講得咬牙切齒，而我作為一個局外人也聽得十分心寒。同床共枕七個年頭，他不知她是什麼人嗎？不知道她憤怒起來就會不顧一切的賭氣嗎？可他巴不得她賭氣呢，那個口口聲聲說妳傻傻惹人愛的人，一旦到了分道揚鑣時，轉身就能利用妳的每一個弱點，把它們當作為自己牟利的武器。而**保持單純和衝動其實是最簡單的**，真正難的是認清現實，然後最大限度的為自己爭取利益。

我們說起「這個人很現實」時，常會不自覺的帶上貶低的語氣，將那等同於功利、等同於算計、等同於背叛自己的初心。**可我們吃的很多虧，往往卻正是由於我們不夠現實造成的，總是在該談利益時談感情、在該止損時談未來、在該低頭時談骨氣。**

曾有個女孩找我諮詢，說自己很想報考大學的美術科，但家裡條件一般，學藝術開銷又大，所以父母不是很支持。她訴說了一遍自己對畫畫的熱愛，然後問：「我是應該咬緊牙關堅持自我，還是應該順從父母，放棄藝術生的身分好好準備聯考？」

我給她的回答是：「如果妳想堅持自我，那就要做好最壞結果的準備，比如妳父母在傾盡全力供妳上學之後，很可能會天天在妳耳邊嘮叨生活的壓力；妳可能會需要一邊打工一邊學習；妳的畫可能很久也賣不出好價錢。妳必須能夠接受最壞的結果，才有資格說去試試看。」

她挺失望的，問我：「那夢想就不重要了嗎？」

夢想當然重要，但**正是因為夢想太重要，所以才不能把它當作與現實死磕**（按：和某人或某事作對到底的意思）**的武器**，再銳利的鋒刃，也經不住瑣事的磨損與磕碰。知乎（按：中國的社會化問答網站）上有個熱門的問題很有意思：「如果一個人為了高薪而工作，那他能得到什麼？」排名最高的回答只有一句話：

得到錢，以及更多的錢。

看，談錢多俗啊。可是**你總得先有足夠的錢，才能有去選擇、去追夢的本錢**。現實一點和堅持夢想其實並不矛盾，夢想不是脫離現實的空想，是建立在現實的基礎上的。我很喜歡專欄作家連岳寫的那段話：

一個人的勇氣與耐性，只能夠支持若干次的挫折，不要把它浪費在小事上，留著它、培養它、壯大它。總有一天你會像巴爾札克（按：法國十九世紀現實主義文學作家）一樣，需要用它來征服巴黎；你會像漢尼拔將軍（按：北非古國迦太基著名軍事家）一樣，需要用它來翻越暴風雪中的阿爾卑斯山。

對現實彎彎腰，有時是對自己最好的保護。等到手中有了一副好牌，再來好好的贏一把。在跟命運格鬥之前，要好好說：「請多指教。」

05 你連輸都沒輸過，怎麼知道什麼是贏？

總是在逃開的人，大概永遠體會不到付出的快樂，一個人固然輕鬆，可也少了許多樂趣。

「我覺得我沒辦法喜歡一個人了，我現在只喜歡，一個人。」

悠悠慢吞吞的說完這句話，我眼珠子差點都被她驚掉。坐在我對面的她姿態婀娜、面容姣好，清晨剛剛做好造型的瀏海透著都市女孩的精緻，落座也腰背挺直、亭亭玉立，用餘光偷偷享受著不低的回頭率。

我揶揄她：「妳敢說妳剛剛吃飯時沒跟那個西裝男眉來眼去？還是沒因為收銀小哥的痴漢臉心生竊喜？」

她被我說得老臉一紅，卻還是嘆了口氣：「不一樣的。」

妳知道那種感覺嗎？就是，看到美好的肉體也會動心，但很難會再像從前那樣，看見有點順眼的人就想加個微信。也不排斥聊天，但睏了、忙了就會直說，不會再像以前那樣強撐著瞌睡等一條簡訊。也有試探中互相觀望的那個人，但一旦有了小摩擦、小齟齬，想的不是如何解釋、如何挽回、如何裝溫良恭儉讓。老娘就是這樣子，你能接受就愛，接受不了就拉倒。

不會再像以前那樣，因為心儀的男孩子跟自己聊了些小情緒就覺得跟他好近，強撐著瞌睡守到半夜也要努力幫他重振心情。現在的曖昧對象跟自己訴苦：「我今天過得不大開心。」只會覺得有點煩，這麼大的人了，誰都活得不容易，自己都還沒安撫好自己，哪有心情接納另一個人的負面情緒？動心太難了、談戀愛也太難了。還是一個人，最輕鬆、最開心。

一個約四十歲的姊姊有次跟我感慨：「現在的小孩子怎麼回事啊？明明衣食無憂，卻一個個的都是愛無能。」

她說這話的原因，是午餐時另一個姊姊偶爾提了自己家裡的事，無非就是老公不管家、孩子不聽話、婆婆老找碴之類的家庭日常生活瑣事，公司裡那幾個九五後的實習生就開始七嘴八舌的談論起「結婚有多可怕」。

一個說：「為什麼要結婚啊？婚前說走就走，婚後想去做個美甲都得提前報備。」

一個連忙應和：「對啊、對啊，結婚多麻煩啊，家務多了自由少了，好端端的小公主也做不成，搖身一變成了老媽子。」

七〇後姊姊捅了捅在座的唯一一個小男生：「哎，和你同齡的女孩都不想結婚了，你怎麼辦？」

「我也不想啊。」小男生頭也不抬答得坦然，「談戀愛我都嫌麻煩，得陪聊、陪逛街，還得賠錢買禮物，況且有了女朋友，還怎麼愉快的組隊吃雞？」

一幫老阿姨聽得瞠目結舌，現在的小朋友，居然都已經如此精明了。他們並不是社交無能患者，相反的，正是因為規避了深層的情感聯繫，他們的交往要遠比我們想像中的更密切。你送我一個蘋果，我還你一個桃，你陪我挑耳機，我幫你選領帶。但是，也僅止於此了。

什麼互訴衷腸啦，什麼山盟海誓啦，在他們看來是老掉牙的鬧劇。那種距離感裡藏著一點斤斤計較的冷漠：我不去找你，你也別來煩我，我的「小確喪」我自己消化，你的不開心也自己收好。**依然會心動，依然會有好感，但是，不想對任何一個人負責**。一個九五後的小姑娘說得一針見血：

一個人生活的性價比真的太高了，我自己看書、健身、努力工作、學英語、學化妝，每一樣的回報都是看得見的。但是同樣的精力花在別人身上，真說不準是個什麼結局，萬一打了水漂（按：比喻虛擲、浪費）呢？

喜歡一個人很麻煩嗎？對啊，那意味著你需要強行接納另一個人的情緒，她失落了你得認真安撫，她生氣了你得用心逗樂。那意味著你需要忍受兩種不同生活產生的碰撞，你本無辣不歡，如今卻得適應寡水清湯，你本死宅一枚，卻得忍著無聊陪她看一場藝術展。你要讓步、你要妥協、**你要嚥下許多「不得不」才能換取一點快樂**。

一步步精打細算，一點點算計得失，太累了，也太難。這或許就是有越來越多的人選擇單身的原因，她們衣食無憂、妝容精緻，很上進也很努力，可是，她們不願意結婚。

並不是一定要給不同的選擇定義出對錯，只是有時想想也覺得蠻遺憾的。我曾在音樂平臺網易雲音樂上看到這樣一條評論：

> 那年我在學校的紫藤花架下等了她三個小時，沒有智慧手機玩，只好看天、看雲、看遠方，空氣裡都是春天的味道，而她蹦蹦跳跳的向我走來，真喜歡那時的自己，還沒學會用效率來衡量愛情。

他也長成刀槍不入的大人了吧，學會了計算時間的性價比，變得清醒又理智，能幹又獨立。讀得懂博爾赫斯（按：Jorge Luis Borges，阿根廷詩人）、讀得懂查理·孟格（按：Charles Thomas Munger，美國投資家），可是再也讀不懂那句「愛是想要觸碰卻縮回手」的患得患失和小心翼翼。美國心理學家T·利維（T. Levy）曾寫過這樣的一段話：

> 信念、熱情、與他人的親近感，被沒有生機的感受、無聊感和流於表面的淺薄所代替，無法給他人愛與關心，也無法回應他人對自己的愛意。這本質上是一種空虛感，因為缺乏與他人真實的連結，而失去感受幸福的能力。

而這或許也是越來越多的人覺得自己並不幸福的原因。

快樂稍縱即逝，無論是贏得一局排名還是入手一件喜歡的衣服，它帶來的愉悅感甚至無法維持二十四個小時。為了追逐快感，人會把自己變成小白鼠，在尋求刺激的轉輪上一刻不停的奔跑，直到筋疲力盡。正如那個七〇後姊姊所說：

總在逃開的人，大概永遠體會不到付出的快樂，一個人固然輕鬆，可也少了許多樂趣。你連輸都沒輸過，怎麼知道什麼是真正的贏？

我不知道她的話對不對，只想把這句話也講給你聽。你會如何選擇？

06 禁不起質疑否定的夢想，原因出自細節的匱乏

一鳴驚人這種事情，在故事裡看看就行了。你需要的不是寓言、童話，而是腳踏實地。

說來蠻好玩的，人從小到大，好像就是一個自信不斷流失、不斷認命的過程。小朋友可以大大方方的說出：「我以後一定能當科學家。」但成年之後的我們，卻在開口之前已經先把自己否定了三百遍。

「我恐怕不行……。」

「我可能真的不夠好吧……。」

「萬一失敗了怎麼辦……。」

那些喪氣的猜測好像毛衣上脫針的線頭，從鬆動的那一針開始，一點點帶著整個人生全部垮掉。

在許多人的眼中，自信等同於「走自己的路，讓別人去說吧」以及「雖千萬人吾往

矣」這種大而玄妙的名言警句。可人生吊詭的一點，就是只要你身處人群之中，就無可避免的會被別人的眼光和評價束縛。但如果你離群索居，沒了參照物也沒了回饋，你便無法知道自己做得對不對，也無法衡量自己走出了多遠。

不在乎別人太簡單了，但當你把所有人都不當回事時，也根本沒人會在乎你。所謂強大，不是「我不聽、我不想、我不在乎」，而是學會**從那些讓你痛苦的否定和質疑中找到出路**。之前有個讀者來找我聊天，說自己想辭掉公務員的工作去做彩妝師，但家人都不同意，各種質疑和壓力撲面而來，她應付不及來向我求助，問我怎樣才能堅持自己？

她對未來有一套聽起來很美的規畫：辭職之後先去附近的婚紗攝影會館工作，再做點兼職，然後再考彩妝師的證照，慢慢往娛樂圈發展，等錢賺得差不多了再開個工作室。可是當我問：「婚紗攝影會館徵彩妝師的條件是什麼？」以及「妳做兼職的管道從哪裡來？每個月的收入是否足夠應付妳的支出？如果不夠怎麼辦？」時，她一句都答不上來。

與別人的質疑無關，與父母的否定無關，**那些來自外部的壓力不過是顯形液，逼著她去直視那些她根本無法回答的問題。細節的匱乏，才是她沒有自信的根本原因**。想在質疑聲中站穩腳跟，你就不能做一個中空的人，你需要像下圍棋一樣，看到十步之外，規畫到五步，至少保證前三步不出岔子。

我給那位讀者的建議是：在不辭職的前提下，先熟悉一下不同領域對彩妝師的要求，利用週末和假期的時間去做兼職，一邊累積人脈一邊了解行情，對自己辭職之後的財務狀況做一個簡單的評估，如果不夠支撐自己的夢想，就先去賺點錢。

你看，這可比只動動嘴皮子說「我有夢想」難多了吧？但又有誰告訴過你，相信自己是一件容易的事呢？畢竟「孤勇」這個詞，只有在書上讀到時才美。**盲目自大太容易了，真正難的，是清醒的堅定。**聽過這樣一個小故事：

一對夫妻為了吸菸的事吵架，男人保證戒菸，女人半信半疑。

第一天，男人表現得很好，一根菸都沒有碰。女人說：「你這就是靠運氣，我看你還能堅持多久。」

第二天，男人有些動搖，拿出菸反覆聞著，忍著沒點燃。女人說：「我就知道你沒毅力，看，果然忍不住了吧。」

第三天，男人終於忍不住了，但還是控制著自己，一天只抽一根。女人說：「看吧，江山易改，本性難移。」

第四天、第五天、第六天，男人終於自暴自棄，重拾吸菸的壞習慣。女人說：「果然，從一開始我就說你不行。」

你看，那多像是我們每天跟自己的對話。早在別人開口之前，你就已經先對自己說「我不行」。就像文章開頭的那些喪氣話一樣，在被評價之前，你早就給自己安上了一頂「缺乏自信」的帽子。然後把所有的不順與不安，都塞進這頂帽子裡。

成功了，你提醒自己這不過是僥倖，其實自己差勁得很呢，不過是還沒被發現而已。遇到麻煩了，你立刻就會覺得這都是註定了的，像自己這麼糟糕的人怎麼配成功呢？這些麻煩都是在提醒你，人要有自知之明。就這麼想著、想著，消耗完自己所有的鬥志和勇氣，最終失敗了，你反而長舒一口氣：「看，我就說吧，我不行。」

比起來自外界的質疑，你最大的敵人是你對自己的否定。就像心理學家榮格（Carl Gustav Jung）的那句話：

When an inner situation is not made conscious, it happens outside, as fate.（如果你意識不到你內心的衝突，它就會體現在外部世界裡，成為你的命運。）

嘗試這樣一個簡單的方法：每次當自己感到氣餒時，都在本子上畫正字。每畫一筆都問自己一遍：「我有什麼做得好的地方嗎？我還能怎樣做得更好？」在改變別人之前，先改變你自己。

如何才能培養出清醒且穩定的自信？心理學應用專家李中瑩在《重塑心靈》中給出了這樣的一個公式：

感覺→嘗試→經驗→能力→外部肯定→自信→自愛→自尊。

很多人總是把自己沒有自信的原因歸咎於「沒有人肯定我」，但這個公式中**最重要的部分，其實是你自己創造的經驗和能力**。自信的培養靠的並不是什麼驚天動地的大成功，它更多的是依靠生活中的小的勝利。

在寒冷的早晨成功在鬧鐘響起的第一聲就俐落的起床；獨立做完第一份PPT；成功的主持一次會議；第一次一個人出差並順利的簽了合約……這些小成功會成為你的底氣，

能讓你更願意去做，做得越多，能做到的就越多，得到的肯定也就越多，自然也就更加有自信。

最重要的是，在「做」的過程中，你能充分的了解自己，弄清自己的專長和缺點，掌握控制脾氣和惰性的那把鑰匙，你知道什麼時候該全力以赴、什麼時刻最難熬、要走多遠才能看到柳暗花明。那才是你的燎原之火。一鳴驚人這種事情，在故事裡看看就行了。你需要的不是寓言、童話，而是腳踏實地。

07 我只是不喜歡無意義的閒聊

內向與外向是性格因素，而社交，是一種能力。能力無須改變，它需要的是練習。

前幾天搬家，翻箱倒櫃的收拾東西，在文件袋裡翻到了自己剛畢業時的簡歷，時隔多年回頭去看，覺得好笑至極。不是因為青澀，也不是因為萌蠢，而是因為自我評價的那一欄裡，開頭赫然寫著：本人性格外向、活潑開朗、喜歡與人交際。

我將這段話拍下來傳給我的HR朋友，她秒回我兩個摳鼻的表情，然後說：「我們每年收到的幾百份簡歷裡，幾乎九九％的人都會用這句話來偽裝自己。」哪有新人敢承認自己內向、木訥、不善交際？這不就等於在向HR宣告，雖然我很優秀，但不要錄用我嗎？

我有點意外，但更多的是無奈。意外的是，居然連專業的HR都會把「內向」歸入貶義的範疇，而無奈的是，正因為有太多人持有同樣的想法，才會選擇用謊言來偽裝自己。

有次跟一個剛工作一年的姑娘聊天，她問：「公司的活動太多，幾乎每個週末都要聚餐逛街，實在不想去，但又怕顯得自己孤僻內向不合群。想請妳幫忙出主意，怎樣才能改變自己的性格，盡快融入團體？」

有太多人問過我類似的問題：「我不喜歡跟人交往，怎麼辦？」、「我一到人多的場合就心煩，是不是有什麼毛病？」、「我太內向了，不太會說話，該怎麼改變自己？」

但在解決這些問題之前，你需要先了解「內向」真正的含義。**內向不等於木訥，更不等於社交恐懼**。我們對內向有這樣一種誤解：內向的人一定不大愛講話，比較嚴肅和孤僻，有著不同程度的社交障礙，在人多的社交場合常常呆若木雞。

作家蘇珊・坎恩（Susan Cain）在《安靜》（*Quiet*）中，賦予了「內向」完全不同的定義：

> 內向的意思是你更容易從獨處中獲取能量，無論是物理空間上的獨處，還是心靈的放空。

當內向的A和外向的B同時遇到煩心事時，A更希望能自己待著，無論是看書，還是聽音樂，甚至什麼都不做只是發呆，B則會選擇向朋友傾訴，或者參加熱鬧的聚會。對外向的人來說，社交本身就是充電，但是對內向的人來講，跟很多人待在一起太久，會榨乾他們的精力，因此他們需要用獨處來給自己充電。也就是我們通常調侃時說的：在外social一小時，回家充電五小時。

內向的人，一定不善於社交嗎？首先你需要區分一個概念：**內向與外向是性格因素，而社交，是一種能力。能力無須改變，它需要的是練習。**

雜誌主編吳伯凡曾提出過「WiFi 式連結」與「藍牙式連結」的區別，而這一概念，正好可以用來解釋內向與外向不同的交際風格。外向性格的交際更像是一點對多點的 WiFi 式連結，接入非常容易，數量上也沒有限制。而內向性格的交際更像是單點對單點的藍牙式連結，比較費勁，一旦連結成功之後還具有排他性，即一個設備在跟另一個設備配對成功時，就不能再接入其他設備了。

我們不妨用人際關係中的「群聊」和「私聊」來理解這兩個概念。在微信群中，外向的人像是群裡的活寶，不管跟對方熟悉與否，都能輕鬆的與之插科打諢（按：泛指引人發笑的舉動或言談）。而內向的人常常是「沉默的大多數」，他們更傾向於與人進行私聊，需要一些時間來找到同頻的人，但一旦「配對成功」，溝通就會漸入佳境，更容易建立深層的聯繫和共鳴。

因此，內向的人並不是社交無能患者，他們只是不喜歡無意義的閒聊，**他們習慣用沉默的傾聽來識別出跟自己同頻的人**，一旦進行深層次的對話，你就會發現他們的可愛和有趣。所以，你要做的選擇題並不是「內向好還是外向好」，而是「我要去喜歡所有的人，還是只喜歡聊得來的人」，僅此而已。

如果我內向，我該怎麼做？我剛工作時，也遭遇過不想參加集體活動，怕被說古怪，也怕被孤立，但出門參加完一天的活動，就會被榨乾全身的力氣，原本計畫背的單字沒心情背，本來看一遍就能記住的書，翻來翻去也無法進到腦子裡。為了在社交中收穫友善和好感，我需要花更多的時間來做心理建設才能恢復到正常的心情。

很不划算吧？但我真的是堅持假裝了整整一年多，才想通了這個道理。無論我多努力，都無法讓所有人都喜歡我，而對於我喜歡的人，我根本不需要靠假裝活潑開朗來獲得他們的友誼。

我雖然慢熱，但是善於傾聽，又因為不太八卦而成為了很多人的樹洞。我不喜歡閒聊，但記憶力很好，別人隨口一說的小事我也會記得，因此能時不時的製造一些驚喜。我沒辦法做到八面玲瓏照顧到所有人，但我專注力很強，我可以在地鐵、公車、飛機上快速進入心流（按：將個人精神力氣完全投注在某種活動上的感覺），因此做事的效率比較高，朋友都覺得我可靠。

意識到這些事之後，我才有勇氣做回原本的自己，開始有選擇性的參加一些自己喜歡的活動，果斷且客氣的拒絕那些會消耗我的精力的事。其他人的聚會並不會因為我的缺席而黯然失色，而我也不會因為錯過了本來就把握不住的機會而後悔傷心。

如果你也是個內向的人，「學會選擇」是你需要培養的最重要的能力。選擇你喜歡的人，認真維護你們的關係。選擇你喜歡的事，珍惜你寶貴的精力、能力和注意力。要知道，可怕的不是內向，而是四不像。明明不想說話卻要強顏歡笑，明明煩躁不安卻要假裝活潑。那才是最得不償失的選擇。既取悅不了別人，也滿足不了自己。

08 用四十九年拍紀錄片，告訴你三個人生真相

世上最痛苦的事情不是沒有人懂你，而是你自己不懂你自己。

最近被朋友強烈推薦了一部很棒的英國紀錄片，叫做《人生七年》（*7 Up*），導演邁克爾・艾普特（Michael David Apted）於一九六四年開始拍攝，記錄十四位英國的七歲兒童的生活，到目前為止，該紀錄片已經跨越了四十九年，每七年拍攝一集。

被選中的孩子們來自當時英國的不同社會階層，片子從孩子們的七歲開始記錄，然後是十四歲、二十一歲、二十八歲……一直到五十六歲，從垂髫到白髮，從孩童到老年。

我用了一週的時間看完紀錄片，其間屢次按下暫停，並不是因為片子本身有多燒腦（按：燃燒腦細胞，需要推理才能理解），相反的，正是因為它的平凡和日常，才會讓人忍不住心生感慨。正如《殺鵪鶉的少女》一書中的那句話：

當時站在三岔路口，眼見風雲千檣，你做出抉擇的那一日，在日記上相當沉悶和平凡，當時還以為是生命中普通的一天。

真相一：階級固化是不可避免的，但也遠遠不只你看到的那麼簡單。

《人生七年》的第一集攝於孩子們的七歲，面對鏡頭的孩子們一派天真爛漫，可言行舉止卻大相逕庭。來自上層階級的孩子 Andrew、Charles 和 John 就讀於私立學校，他們的日常活動之一是閱讀《金融時報》（*Financial Times*）和《觀察家報》（*The Observer*），對自己的未來有著明確的規畫：

高級中學→牛津／劍橋→成為律師（律師在英美都是高薪職業）。

來自中層階級的孩子中，男孩 Nile 說自己想要開旅遊大巴，女孩 Jackie 不好意思的捂著嘴笑，說希望自己長大之後嫁人生子。

來自底層階級的孩子 Tony 希望成為一名馴馬師，而他們當中的大多數人甚至連夢想的意義都不知道，會把能夠吃飽飯和少挨打當作自己人生中最大的願望。

他們後來的人生軌跡並不太讓人意外，高富帥三人組已經按照當年的既定路線，上了知名大學，當上了律師，過著優渥的上流生活。中層階級的孩子表現普遍平淡，尤其是幾個女孩子，已然過上了相夫教子的主婦生活。最讓人難過的是底層階級的孩子，他們兒女成群，但極少有高學歷的「白領」或者「金領」，做的都是極其普通的技術性或者服務性工作，比如保全、修理工等。同樣是三、四十歲，他們的面容、身材和神態都顯得比其他同齡人蒼老很多。

這似乎是「階級固化」最直觀的例證。一個人接受的教育，擁有的資源、見識和視野，從一開始就決定了他的一生。但事實又不只如此，在五十六歲的那期片子中，高富帥代表 John 對著鏡頭坦言：在自己九歲時，家裡出現了一場意外，他的父親去世，家境一落千丈，母親不得不外出工作。讀大學時，他也是靠自己的努力拿到獎學金。

他說：「人們總以為我們這個階層的人生順風順水，想去哪所學校讀書就去哪所學校，但是人們並沒有看到那些挑燈夜戰的日子，看到那些刻苦和努力。」

這讓我想起前段時間電視節目主持人李湘的女兒，因在微博上晒出用全英文解出的數學題而上了熱搜那件事，很多人感慨小姑娘命好，小小年紀就能夠接受精英教育。這是我們大多數人繞不開的思維誤區：**只看得到別人的優勢，卻看不到他們為了維持這樣的優勢而付出的努力**。

在你深陷言情小說中時，他在讀《經濟學人》（*The Economist*）；你在打王者榮耀遊戲時，他在做數學模型；你轉發完文章之後欣然去跟朋友聚餐，而他剛寫完兩萬字的論文就去健身房跑步。最可怕的從來都不是階級差異的存在，而是我們以階級分層為藉口，理直氣壯的原諒自己的不作為。

真相二：寒門子弟改變命運的唯一途徑，是教育。

七歲的 Nick 在第一期的拍攝中，被歸類為底層階級的孩子，他是個「農二代」，生性靦腆謹慎，住在偏遠的郊區，那裡的小學只有一間教室。但他也是整部片子中「逆襲」最成功的孩子，他考上了牛津，成功掙脫了階級的枷鎖，去美國做了教授，也過上了名利雙收的生活。

在二十一歲的那部片子裡，導演問起他成功的祕訣，他帶著一臉謙虛的微笑說：「我不覺得自己有什麼成功的，不過是考上了牛津而已。」

對啊，不過是考上了牛津而已。但正是那一張薄薄的錄取通知書，讓他得以脫離原生環境，進入更高一層的圈子，得到打開視野、擴展心智和獲取資源的機會。導演借另一位被採訪者 Jackie 之口表達了教育的重要性。

Jackie 在四十九歲那年的採訪中對著鏡頭咆哮：「我現在身體不好，政府卻不發放補助給我了，擺明了要我出去工作，這不是把我往死路上逼嗎？你說我的身體狀況怎麼去工作？你說啊？」

導演問：「妳有什麼後悔的事情嗎？」

她長嘆了一口氣：「我上學時不應該這麼懶，如果再活一次，我一定更努力學習。」

誠然，教育中有太多的不合理與不公平，但是對於沒錢、沒資源的人來說，那依然是唯一的上升通道。抱怨沒用、後悔沒用，唯有努力。它再狹窄，也還有光亮照進。

真相三：一個人的幸福，不是只有成功才能定義。

Bruce 是一位虔誠的基督徒，他跟高富帥三人組一樣，家境優渥、志向遠大，七歲時的理想是去非洲當傳教士。他畢業於牛津數學系，卻選擇去一所普通學校當老師，其間還去孟加拉支教（按：支援落後地區鄉鎮中小學校教育和教學管理工作，又稱義教），想要讓更多的人有機會接受良好的教育。

比起上層階級的其他幾個人，他並不算是成功，結婚晚、事業平平、社會地位也不高。但讓我印象很深刻的是，他面對鏡頭時的表情永遠是平靜的微笑，從來不焦慮，也從不對其他人的選擇和處境進行評判，當參與拍攝的小夥伴 Nile 遇到困境時，他也慷慨相助。他清楚的知道自己在做什麼、自己想要什麼，這種內驅力帶來的動力和滿足，並不是一個頭銜、一張薪資單所能代替的幸福。

另一個叫做 Symon 的孩子，他的七歲是在育幼院度過的，三十多歲時離了婚，在一家冷凍工廠做零工。他四十二歲時再婚，在妻子的督促下又拾起了數學，兩個人一起參加收養孩子的資格培訓，到了五十六歲那年，他已經幫助過很多個孩子（時間長短不一），自己也拿到了一家知名公司的聘書。

他起步晚，繞過不少彎路，最終好像也沒能擠進上流社會，但對一個普通的家庭來講，短短十幾年間能幫助幾千名孩子，亦是不可想像的付出與艱辛。**那並不是世俗意義上的成功，他卻在幫助他人的過程中確認了人生的追求和快樂的來源**。這也是我很喜歡《人生七年》的一個原因，它並沒有用普遍存在的價值觀來告訴我們如何成功，而是透過十四個孩子的人生經歷，講述生活的多種可能。

正如豆瓣（按：中國一家基於用戶對於圖書、電影和音樂興趣而搭建的社交網站）上的那句高分短評：

世上最痛苦的事情不是沒有人懂你，而是你自己不懂你自己。

09 太關注於擺脫迷茫，難怪日子一團糟

能吞噬一個人的，其實不是迷茫，而是對迷茫的恐懼。

不知道從何時開始，迷茫開始從青春期特有的小情緒變成了人生的標準配備，無論年齡多大，身在何處，做著什麼樣的工作，都難逃過午夜夢迴時的靈魂三問：我選擇的是對的嗎？我到底該做什麼？我現在的生活有什麼意義？

又往往因為苦思無解而更加焦慮，陷入一個失落且煩躁的惡性循環。作為一個十八線雞湯博主（按：十八線指人氣和知名度都很低的公眾人物或事物。通常帶有嘲諷、自嘲、自謙的意思。而博主則是指在網路上開設部落格的人），我常被問到：**我很迷茫，完全找不到方向和動力，我該怎樣擺脫這種情緒**，跟其他人一樣去奮鬥、去生活呢？

言辭之間滿是惶然，彷彿迷茫和好好生活是一對見面即爭個你死我活的仇敵。我能理解那種深陷迷茫的無力感，但有時也**正是因為我們太過關注「如何擺脫迷茫」，才會將自己的生活弄得一團糟**。在不確定的人生中去追求「確定」，就像是公牛在追紅布，我們試圖讓自己相信，只要撞到了那塊紅布，一切就沒事了，但結果往往卻是撞到了另一場空。

我的一位朋友總結出非常精闢的一句話：

這世上沒有人能擺脫迷茫，只有被打敗的和還在與之作戰的人。

而這場戰鬥的潰敗，又往往是從這三個跡象開始的：

1. 無條件的放棄與他人的比較。

很多雞湯文會這樣安慰迷茫中的你：不要管別人怎麼生活，過好自己就行；你只需要做自己，就是最好的生活；以及不用羨慕別人，你是獨一無二的。

這些看上去很有道理的話往往會起到快速止痛的效果，就像一劑強力麻藥，立刻讓你找回平靜和安心。但麻藥勁兒過去之後又如何呢？同齡人的優秀依然會讓你相形見絀，老闆給的年終獎金也不會因為你的佛系而與同部門的精英們持平。

我們本來就生活在一個處處有比較的世界，就連去超市買蘋果，也是個大、皮薄、色澤鮮亮的更受歡迎，你會因為一個蘋果長得與世無爭而喜歡上它的乾癟青澀嗎？而人與人之間的比較與蘋果根本上的不同，只在於比較的維度更加多元。

你腹有詩書，我能言善道；你長袖善舞，我過目不忘；你明眸善睞，我纖腰一握。比較不過是一個人尋找自己的過程，**正是有了不斷的比較，你才能察覺到自己的與眾不同，然後去完善它，建立屬於自己的個人優勢**。而這些優勢，才是你**不必去用自己的缺點跟別人的優勢死磕的底氣**。

真正可怕的不是比較，而是未戰先降。

2. 為了逃避迷茫而湊和。

我曾經收到一位讀者的留言，來自一位畢業於一流大學的姑娘。她各方面都很優秀，但因為準備要考研究所而錯過了很多校園徵才，後來發現自己其實更想早點進入職場，便放棄考研究所而開始找工作，所以起步比其他人晚了一些。

工作找得並不順利，大企業的校園徵才差不多都已經結束了，她一直沒能拿到滿意的offer，越拖心越慌，對理想職位的要求一減再減，最後索性找了一份櫃檯接待的工作就匆匆入了職，美其名曰職場歷練。本以為心中的一塊石頭能夠就此落地，卻無端的生出更多的小情緒：

在校成績遠不如她的室友都進外商公司做了儲備幹部，而她只是一家小公司的櫃檯接待人員；不敢跟家人、朋友說自己真實的工作，每每被問起都忍不住撒謊，又難過又心虛；因為不喜歡，工作常常做不好，屢屢被經理批評，一開始是委屈，到後來又變成「我是不是真的不行」的自我懷疑。

她講得痛苦不已，我聽得哭笑不得。**一時找不到合適的工作，那就接著找啊**，錯過了當年的徵才季，也還會有下一年，用這一年的時間學點技能充充電，也總好過匆匆將就之後又難免意難平。

為了解決最初那個簡單的問題，她給自己布了一個異常複雜的局。像是一個努力躲避大雨的孩子，卻慌不擇路的跑進了瀑布。**我們做了太多事來擺脫迷茫了**。

找不到合適的工作，就隨便做一份湊合著；遇不到心動的人，就隨便拉一個也能將就；過不上理想的生活，就索性用「我也過不慣那種人生」來自欺欺人。**能吞噬一個人的，其實並不是迷茫，而是對迷茫的恐懼**。迷茫、焦慮等類似的情緒，只是我們行囊中不可丟棄的一部分，但這並不意味著你必須先解決它才能繼續前進。**人是為了目標而活的，而不僅是為了解決問題**。

3. 總想從別人那裡找到捷徑。

我曾經有很長一段時間陷在寫作的瓶頸期裡，什麼也不想寫，不知道自己今後想要往哪個方向發展，該如何才能不斷精進？於是跑去跟群裡的一位大神私聊，倒了一大堆苦水之後，她只回了我一句話：「加油！書看不進去，就去看更多的書；寫不出東西來，就更努力的去寫東西。」

講真的，我當時是很生氣的，本希望她能傳授給我一些克服瓶頸的心得，或者調整心態的經驗，至少給我打一針雞血也好，可是她除了給我這樣一句敷衍的話就沒了。得不到大神的幫助，我只好自己苦苦渡劫，給自己立了死規矩——每天必須讀兩個小時書，無論寫出來的是什麼鬼東西，都得寫滿一千字保持筆感。

折騰了大概三、四個月終於找回狀態，我忽然明白了她的那句話。

我們並非生活在那個動動手指就能將六十年內功傳授給另一人的神話世界裡。你遇到的每個坎，其實都得靠自己一步步打怪累積的經驗去跨過，而他人所能做的，也不過是隔河相望喊聲加油而已。並不是通往所有目的地的過程都有捷徑可走，想要扛過迷茫，沒有任何現成的經驗可以幫你快速成長，你只能咬緊牙關，去摸索適合自己的模式和方向。或許會摔跤、或許會走錯路、或許會碰得一鼻子灰。但那些勇氣和經驗會扎根於你的骨血，成為你的武器與拐杖。

2

忽然不想努力了，怎麼辦？

我們渴望的自由，並不真的是每天遊手好閒、無所事事，而是可以選擇，有資格說「不」。

01 明天就放棄吧！我這才堅持了下去

因為知道自己可以隨時倒下裝死，向前奔跑時才敢竭盡全力。

國慶假期時，有個小姑娘加我微信聊天，字裡行間滿滿的都是焦慮。

她在一所名校上大三，身邊人才輩出，宿舍裡的幾位室友更是學霸，不是早拿到交換生的資格，就是在某國家競賽中得了金牌。她自知起點不高，大學聯考不過是趕了大小年（按：由於報考人數不穩定，造成一年報考人數多，另一年報考人數少的情況，致使每年的錄取分數有高有低）的空位才壓著線被這所學校錄取，又不是那種一點就通的聰明孩子，於是便加倍努力，每天六個小時埋在書堆裡，手機上沒有任何用來追劇和遊戲的App，就連吃飯的空檔也在聽英語。

國慶假期，她只在家待了一天，第二天一大早就抱著書本跑去圖書館做功課。圖書館人多，坐在她身邊的小孩戴著耳機在看一部熱播的電視劇，剛開始，她不過是出於好奇看了一眼，然後一眼，又一眼。那一整天，她眼前的書連翻都沒翻，跟著那個小孩追了整整八集的電視劇。

「我真的想不通我怎麼了？忽然就不想看書、不想聽英語、不想背單字。

「一點都不想努力了，只想吃零食玩手機，做個頹廢的小傻瓜。」

她回這句話時正好朋友打電話來，等我煲完幾十分鐘的電話粥準備回她時，才看到她又連續發了好幾條訊息：

「我想通了，都是因為我還不夠努力，我應該再逼自己一把才行。

「就像我室友，她們那麼優秀還那麼拚，我必須更加努力才能趕上她們，比我厲害的人都還在努力，我有什麼資格停下來呢？

「一個人怎麼過假期，就怎麼過一生。我想通了，我要繼續努力！」

怎麼說呢，看著那些大道理被她這樣當作救命稻草似的堆砌在一起，其實蠻難過的。她大概一點也不相信自己吧。不相信自己對向上的渴望、不相信短暫的娛樂無法將自己麻醉，也不相信自己暫時停下步伐歇歇腳，天一亮就能滿血復活重新起航。她太怕把自己慣壞了。所以才不敢停下、不敢懈怠，也不敢讓自己享受一次真正的放鬆。

但是，我也挺能理解她的，我剛開始寫作時也是這樣，總是覺得所有人都寫得比我好，又總是在朋友圈看到別人寫稿子寫到凌晨兩、三點，每天都百感交集。既因為看到比自己優秀的人比自己更努力而慚愧，又因力不從心而感到無比的焦慮。我幾乎放棄了所有的休閒時間，推掉了一切聚會和邀約，逼著自己書不離手，每天必須寫出兩千字，連通勤路上都一邊聽著有聲書一邊做筆記。

後來有一次，我和一個姊姊一起被一家平臺邀請參加活動。我們在酒店見面，比起她連電腦都沒帶的一身輕鬆，我簡直像是一個行走的書房，書包裡塞著三本書、kindle、筆電和滑鼠，甚至連平時記錄靈感的小本子都沒落下。

「妳不會這幾天什麼也不準備幹了吧？」我簡直不敢相信自己的眼睛。

「妳不會這幾天還想幹些什麼吧？」她也同樣不可置信，「風景這麼好，行程這麼輕鬆，此刻不玩更待何時？」

我們在那座城市待了三天，她分秒必爭的玩，我分秒必爭的看書。說是看書，其實也不過是硬凹出看書的姿態而已，大腦早已經跑到了九霄雲外，雖然眼睛死死的盯著書，卻需要好幾分鐘才能看完一行。

大概是看我太過可憐，她終於忍不住過來勸我，而我至今都記得她問我的那句話：「就算妳今天不努力，又會怎麼樣？妳會因為躺著太舒服就不站起來？會因為嘗到偷懶的甜頭就再也不想努力了？會因為放鬆了一天就迷失了目標，從此渾渾噩噩的過日子？」

那是我最害怕的可能性，但仔細想想，我也知道我不會。一個人想要向上的那顆心，怎麼會因為停下來歇了歇腳就墜入谷底？它只會因為你相信它而變得更加有力量。

我喜歡的作者阿春寫過她跑步的經歷，從一個體育廢柴，到一口氣跑下一公里、五公里、十公里，支撐她一路走來的，其實從來都不是什麼勵志的雞湯，而是因為她知道自己隨時都可以放棄。她在《一生中裡的某一刻》中寫道：

世上可能有兩種人，有的人要做什麼事，就有極其堅毅的意志，克服一切障礙，堅定的做下去，並且認為那是應該的，不把這種事當一回事。有的人又懶，又想更好，永遠都在上進的壓力和自責裡掙扎，被失敗感深深籠罩。

我就是後面那種人。一生都在痛斥自己：這點事情都做不到，做不到這件事，妳必然一事無成！斥責到一定程度，我們就會安慰自己：好，我就是個廢物。

但這能叫安慰嗎？想到任何想要的，都覺得沒有資格得到。覺得人生太痛苦、太艱難了，一點意思都沒有。但是發現「明天就放棄」這個法寶後（到了明天，再想著明天就放棄），事情真的就變得不一樣了。跑步這件事最難的並不是當時，而是「要堅持下去」的壓力。去掉這個壓力，節省了自我羞辱和反自我羞辱的精力，總之只做一次，隨時隨地原諒自己，這事就不難了。

正是因為知道自己可以隨時倒下裝死，向前奔跑時才敢竭盡全力。畢竟那些真正頹廢的人，才不會問出「忽然不想努力了怎麼辦？」這樣的問題。

02

勤奮是最被低估的競爭優勢

有理想、有追求、有不甘，這本是一件好事，但當我們把它和日常生活對立起來時，就會對生活中的「必要重複」產生輕視和不耐煩。

親戚家的小表妹今年畢業，加了我的微信，興致勃勃的向我討教寫作技巧和方法。我把自己所有拿得出手的經驗和習慣傾囊相授——每天至少要保證一個小時的閱讀，閱讀時怎麼把案例和理論歸類整理，每週如何歸類整理碎片化資訊，寫文章之前怎麼寫框架，寫完之後怎麼修改……。

還沒等我巴拉巴拉的說完，她就迫不及待的插話：「姊，咱倆又不是外人，忽悠人這套就別給我用了吧，把壓箱底的祕訣拿來分享一下？」

我說：「壓箱底？我這可是連壓鞋底的都給妳了，還嫌不夠？」

小姑娘給我發了一個摳鼻的表情，說：「我在網路上看過不少寫作課程大綱，從內容策劃到爆款標題，一個月包會，哪有妳說的那麼複雜？我就是嫌看那些麻煩才來問妳的，想說妳能給我指條更快的路，沒想到妳對我一點也不真誠。」

我哭笑不得：「寫作這種持續的輸出，一定要建立在大量累積的基礎上，還十天，十個月都不一定學得會好吧。」

她沉默了一小會兒，特別真誠又同情的回我：「人家都知道如何在十天內寫出爆文，妳怎就不會？姊啊，方法大於勤奮，妳要是走錯了路就趕快回頭，可別在低效的努力裡一條路走到黑。」

我竟無言以對。插坐學院（按：中國企業新媒體課程的教育服務機構）的主編粥左羅曾經寫過一句話：

這世道變壞，是從嘲笑努力開始的。

五分鐘掌握一個知識點、二十分鐘聽完一本書、十天學會寫作、兩個月打造大V（按：指在中國新浪、騰訊、網易等微博平臺上獲得個人認證，擁有眾多粉絲的微博用戶）。「效率」成了我們衡量努力唯一的指標，鋪天蓋地的課程宣傳都以「速成」為賣點，學習五分鐘，夠用一輩子，成了我們深信不疑的捷徑。

我們被焦慮和野心驅策著，不再相信「慢工出細活」、不再相信「萬丈高樓平地起」，叫喊著「遠離低品質的努力」。**把穩健當成拖沓**，就連那些必要的重複，也被當作是在走彎路，沒效率。

有個讀者留言給我，抱怨公司的種種，後悔自己入錯了行，錯過了成長的最佳時機。可是當我問他：「到底有哪裡不好」時，他卻翻來覆去，只是重複著那幾句話：

「每天都要做報告，真無聊啊！」

「每天都得整理報表，真枯燥啊！」

「每天都得打電話給客戶，真麻煩啊。」

但那就是工作啊，不然呢？你還想天天打怪？

「我不想過這種平庸的生活。」他接著說，「我還有理想、還有夢想、還想做出一番成績。」

我聽他這麼說著，其實蠻難過的。**從什麼時候開始，普通人日復一日的努力，也被等同於平庸和混吃等死？**有理想、有追求、有不甘，這本是一件好事，但當我們把它和日常生活對立起來時，就會**對生活中的「必要重複」產生輕視和不耐煩**。對未來的憧憬越大，就越無法理解當下的努力的價值。

財經專家吳曉波在復旦大學讀新聞系時，每天都要在圖書館裡泡好幾個小時，將數千篇新聞稿件肢解分析，一點點學習新聞寫作的方法，從圖書館的一樓讀到二樓，二樓讀到三樓，最後讀到珍本庫。而專職寫作的嚴歌苓，堅持每天寫作六小時，從早上九點到下午三點，她雷打不動的坐在桌前寫作，一天都不曾荒廢。

誠然，他們的勤奮和努力在捷徑面前顯得十分微不足道。在我們這個時代，用十幾分鐘來搜索，就能把最熱門的關鍵字炮製成一篇抓人眼球的新聞稿。隨便把別人的幾個故事拿出來拼湊，也不難寫出一篇閱讀量超過十萬的爆文。這樣的捷徑讓許多人賺得盆滿缽滿，因而成為了「方法大於勤奮」的最佳例證。

但這世上有無數個不為人知的「小編」，卻只有一個吳曉波；有許多位文章內容大同小異的「資深情感博主」，卻只有一個嚴歌苓。

前段時間，朋友圈裡相繼被兩位大媽洗版。

一位在北京街頭賣煎餅，一句「我月入三萬，還能少你一個雞蛋」，一語驚人；另一位開著一家賣麻辣燙的小店，「月薪二十萬」。有次同學聚會，有人不經意間提起這件事，玩笑道：「這些人賺錢跟開玩笑似的，睜眼閉眼之間就能入帳好幾萬了。」

「只是看起來容易罷了，任何能賺到錢的生意，有哪一行不辛苦？」有位朋友說，「小時候家裡窮，爸媽擺攤賣早點，每天早上四點多就開火煮稀飯，一直賣到中午，然後還得去批發市場貨比三家，食材買回來之後要淘米、擇菜做準備工作，沒有一天不折騰到十點多。」

她家鑾有錢的，早早就買了好幾套房子，但她還記得媽媽的手，因為常年泡在冷水裡洗洗涮涮，長了很厚的一層老繭。那更像是我們普通人的生活，沒有金手指加持，也沒有天降鴻運，有的只是日復一日、年復一年的勤奮。或許不美，但是管用。

吳曉波在《激蕩三十年》裡，寫到了八十年代的東北君子蘭事件：

一九八五年初，長春一王姓養花大戶將一盆君子蘭賣給了哈爾濱客戶，價格是十四萬元。一夜之間，「一盆蘭花抵萬金」，市場開始供不應求，一盆好的蘭花，價格是當時收入的十幾倍，甚至幾十倍，最瘋狂時，端著一盆君子蘭，不用走完長春整條紅旗街，價格就能漲三次。

許多人家為了賺錢，傾盡所有資產去投資君子蘭，但只過了短短的幾個月，這一投機泡沫就以慘澹收場，君子蘭花價暴跌九九％，垃圾堆裡隨處可見整株高貴的「君子蘭」，賠得血本無歸，甚至因此自殺的人不在少數。

這世上從來沒有什麼「悶聲發大財」的好機遇，不過是一步一腳印的掙扎向上而已。人人熱捧天才，鼓吹捷徑，叫喊著「機遇大於一切，戰略高於戰術」，卻也因此放任自己怠惰成性，最終流於平庸。而勤奮，或許才是最簡單，但也最被低估的美德。我們生活在一個速成的時代，但別讓這時代的悲哀，成為你個人的悲劇。

03 你總是太容易就說「算了」

身邊有太多跟我一樣的人，等著別人先打招呼、等著老闆賞識、等著父母同意……沒意識到自己的被動。

一個剛上大學的小姑娘找我聊天，說自己好像是個透明人，總有一種在人群中披著隱形斗篷的感覺，明明站在那裡，卻總是不被看到。別人嘻嘻哈哈鬧成一團，她卻只能手足無措的站在一邊插不上話，只好假裝在回簡訊。可是從頭到尾，也沒人發現她打開的對話方塊裡沒有一條訊息。

早上八點有課，她起得最早卻故意磨磨蹭蹭的收拾，等著其他幾位室友，她們經過她時卻只是略帶驚訝的客套一句：「〇〇妳還沒走呀？」就笑嘻嘻的挽著手離開了。她的那句「等等我」像是在沸水中反覆翻滾煮到稀爛的水餃，終究還是沒能說出口。

她的名字是那種重複率超級高的菜市場名，可是班裡的同學總是記不住，她們跟她搭話時總是帶著一點心虛的歉意：「妳是跟〇〇〇同一個宿舍的吧？妳叫？」她為此偷偷哭了好幾次，在公眾號裡找到我的微信，開門見山的問：

「為什麼她們都看不到我？」

「多希望有個人能來愛我呀，不需要很多，看到我就好了。」

我理解她口中的那種「看到」，就像言情小說裡，酒會上獨自在陽臺躲清靜的女主角總能邂逅男主角，躲在天臺偷哭的女孩總會收到帶著體溫的手帕。就算不能那麼理想，總也有同病相憐的女生來交個朋友，兩個都沒有存在感的人，互相依偎著取取暖也好。可是現實從來不是這樣的，酒會中的男主角會被最漂亮的公主吸引，天臺上除了風雨什麼也沒有，那個如妳一般的人也隱身在自己的世界裡，妳們都在等對方出現，但誰也等不到。

我問她：「當室友問妳還沒走時，妳為什麼就不順勢接上一句：『我在等妳們呀！』反正都已經在等了，何必怕對方知道？」

她被我問愣了，猶豫半晌才回道：「可是如果我這麼說了，她們還是不等我，我豈不是丟臉丟到家了？」

那種自卑和驕傲交織的複雜情緒，讓她開不了口卻又總不甘心，所以才會期待某個善解人意的人出現，讀懂她所有的渴望和彆扭。我不知道一個人的一生，有多大的機率能遇到這樣一個從天而降的人。但既然妳已經有了心心念念之事，又何必要透過另一個人才能得到？

微笑著做個自我介紹，坦然的說出「等等我」，或者乾脆就更老實一點，承認「妳們聊的那些我覺得有趣，但我不大懂，妳們教教我」。能有多丟臉呢？最壞的結果也不過是跟現在一樣，熱鬧都是別人的，而妳只有自己。為妳真正想要的東西，值得一搏。

我剛工作時，曾經提交過一個很好的專案創意，拿給我當時的老闆看，她眼中明明有讚許，卻還是有些為難：「妳的想法很好，真的。但是妳看，公司資源有限，沒辦法騰出人手在新專案上試水溫，如果做到後期，系統也不相容，所以……。」

「沒事、沒事，我也就隨便想想，不行的話就算啦。」我急忙為她，也為我自己解了局。從此以後，那份策劃案便被我壓在最下面那層抽屜裡，像是什麼見不得人的東西。一年後我跳槽去了另一家公司，同組的男同事幫我搬東西，無意中看到我丟在垃圾桶裡的那份策劃案，兩眼發光：「這個能不能給我？」

「拿去吧。」我意興闌珊的擺手，「反正老闆說了，這是個沒法弄的東西。」但就在我離開之後的兩年，這個專案居然奇蹟般的被他做成了，不僅做成了，甚至連帶著優化了整個供應鏈，推廣之後將公司的淨利潤拉高了好幾個百分點，他也實現了幾連跳，成為公司史上最年輕的中國區經理。

之前要好的同事為我打抱不平：「他不過是撿了個便宜罷了，這個策劃案本來應該是妳的。」是啊，它曾經是我的，但那畢竟是曾經了。無論那是多麼好的機會，終究是我自己放棄了它。

我沒有像他一樣堅持，哪怕人手不夠，一邊忙著手上的專案一邊去調查研究新的市場；也沒有他那樣的毅力，頂著所有人不認同的目光，自己從電腦程式設計學起，跟技術部門死纏爛打，最終完成公司跟新客戶的系統相容。而最重要的，是我根本沒有想過他走的那條路，就像他在電話裡跟我說的：「老闆雖然沒鬆口讓我做，但也沒說不讓我做啊，我就自己先做了，萬一做成了呢？」那是我從來沒想過的萬一，所以才心服口服。

我早已習慣了等，就像小時候等媽媽點頭買那件花裙子，上學時等老師同意才能走出教室。習慣性的等待、習慣性的被動、習慣性的因為一句「可能不行」就忙不迭的說：「算了、算了。」即便已經長大自立，口口聲聲的說著要做生活的主人。

身邊有太多跟我一樣的人——等著被問起才知道回答；等著父母同意才談戀愛；等著男朋友同意才換工作；等著老闆同意才開始做事。更可怕的是，我們常常意識不到自己的被動。每天只想著「要是她們跟我說話，我該怎麼回答才顯得落落大方」？或者「我要如何才能說服他答應我」？

從一開始便選錯了方向，無論怎麼努力，也不過是南轅北轍。長大之後的生活不用等，也不需要那麼多七彎八繞的內心戲，歸根究柢，不過是：我想做、我去做、我來承擔一切後果。

04 不加油也沒關係，因為你對這問題太努力了

有時候，你需要的並不是解決問題，而是去問更多的問題。

有讀者找我聊天，說起快要把自己逼瘋的焦慮。不是那種打完遊戲發愁、考試將臨的微小的煩惱，也不是那種想起十年之後兩眼一抹黑的遙遠的焦灼。她的焦慮更強烈和直接的表現為病理上的脫髮和失眠，焦慮發作時，常常會把自己的胳膊掐到發紫發青。這幾年以來，她看遍了市內大小醫院的身心科，吞了無數的藥片，但焦慮仍像是一塊沒燒盡的荒草原，只要一點火星，便會熊熊燃起。

「我真的不知道應該要怎麼辦了。」她發來一長串哭臉，「我真的、真的已經努力太久了。」

像是雪地裡開著暖器的屋子，不夠暖，還不夠暖，那就再把暖風開大一點，只要開得足夠大，就能融化屋內的寒冬。這種線性的思維方式是人的本能，**當問題無法得到解決時，你理所當然的，就會覺得自己做得還不夠。但你有沒有想過另一種可能？為了解決這個問題，你做得已經太多了。**

一九九〇年，一位名叫斯特恩的營養學家被派到越南，去幫助當地一個村莊解決兒童

營養不良的問題。斯特恩幾乎是在到達的第一天就發現了問題所在：糟糕的衛生習慣、缺乏乾淨的生活用水、聊勝於無的衛生系統，以及最關鍵也最致命的貧困。

想要解決兒童營養不良的問題，他就必須先解決貧困問題，然後再提供潔淨的水，建立完善的衛生系統。在六個月的時間內，沒有任何資金支援，想要完成這一切，幾乎是天方夜譚。斯特恩嘗試透過越南政府獲得幫助，但他募集到的資金跟真正需要的金額比起來可謂杯水車薪，於是斯特恩很快便放棄了這一努力，將目光轉移回當地的社區。在所有的不利條件下，這個村莊裡仍有一些孩子能夠比同齡人更加健康，既然無法從根源上解決問題，為什麼不去尋找現有的優點，然後推而廣之呢？

按照這個思路，斯特恩花了大量的時間在當地做調查，觀察那些在同等條件下長大的孩子，仔細記錄那些家庭與其他家庭的所有不同之處，得到了許多意料之外的收穫。他發現那些養出健康孩子的母親給孩子一天吃四次飯，而其他家庭每天只給孩子吃兩次飯。雖然兩種方法進食的總量差不多，但因長期的營養不良使得孩子們的胃無法一次消化那麼多食物，吃四次飯的孩子能吸收的營養是其他孩子的兩倍。

其次，斯特恩還發現那些健康孩子的母親會在稻田裡收集小蝦米和小螃蟹，然後把它們摻進孩子的米飯裡，正是這種創造性的改變為孩子補充了非常重要的蛋白質，讓這些同樣貧困、同樣喝著不乾淨的水的孩子有了更強的抵抗力。斯特恩把這兩個小發現分享給了全村的母親，在他離開的一年之內，當地孩子的患病率降低了三〇％左右。

還記得開始時斯特恩面臨的問題嗎？貧困、缺乏乾淨的水、破敗衰落的基礎設施。他好像什麼也沒能改變，但他又的的確確改變了一切。美國作家瓦茨拉維克（Paul Watzlawick）在《Change：與改變共舞》（*Change : Principles of Problem Formation and Problem Resolution*）中寫道：

> 我們常常會掉進這樣一個誤區——當問題A出現，一般人會根據常理判斷，用A的對立面或反義詞來避免問題的發生，但只要你的思考是在「A」或「非A」中二選一，你就永遠沒辦法擺脫它。你得先跳出框，才能解決這個問題。

就像斯特恩並沒有把所有的精力傾注在募集資金上，跟整個衛生系統死磕一樣。有時候，你需要的並不是解決問題，而是去問更多的問題——**當下有什麼成功的例子嗎？我要怎樣才能讓這些例子多一點，再多一點？**

可是我們從不會這樣想，一旦出了問題，我們就會忍不住開始驚慌失措的自查——到底是哪裡出了問題？我該怎麼去修復？這種「主動搜尋問題，不斷強化問題」的思維方式，也常常是使我們痛苦不已卻又無法解決問題的根源。

我以前是個性子特別急的人，常常因為進度和時間問題跟人發火，被提醒了幾次之後立志要改頭換面。我格外注意自己的措辭和語氣，每晚睡覺前甚至還要回想一遍自己的行為，每當發現一點點著急上火的苗頭，都會特別自責。不僅是因為被自己親手樹立的目標打了臉而感到羞恥，更多的還是頹喪，因為沒能成為自己想成為的那個人。

然後又是加倍的焦躁和沒自信，覺得自己糟糕透了，卻又對這種窘境無計可施。非但沒有變得更加溫柔，反而更容易生氣上火。那戾氣的源頭，也並不是別人做錯了什麼事，而是對自己的質疑、厭惡以及無能為力。但萬幸的是，我一向不是個很有毅力的人。堅持了一段時間沒見成效，我也就順水推舟的放棄了改造自己的計畫，又拾回了從前隨心所欲的生活。

去年出差時順路跟一位老友聚會，她遲到了半個多小時，一邊道歉一邊小心的偷看我的神色，在發現我的確沒啥反應之後長舒了一口氣：「妳真的變了，這要是在當年，妳非得數落我一個小時不可。」

可是我是什麼時候變的呢？回想起來，大概就是那個「自暴自棄」的時刻吧，我誤打誤撞的跳出了那個「A與非A」的旋渦。人人心裡都有病，但治療這一疾病的方法，往往就是它自己。理解了自己的焦慮，也就接受了生活的瑕疵。接受了自己的無能為力，也就不再輕易強人所難。而改變，從來都是從這樣不起眼的時刻開始的。

當你放棄在問題本身上的努力、當你跳出那個框時、當你找到那個能讓自己平靜下來，然後把這種平靜不斷擴展到其他角落中時，那即是改變的開始。

05 人生可以埋頭苦幹，請記得抬頭看答案

在人生的這場延長賽中，只靠努力並不夠，你還得學會給自己加槓桿。

在我的小學時代，有種很受歡迎的培訓，叫做超腦記憶法。聽起來玄乎，其實原理不難，就是把一段毫無邏輯可循的數字或者字母用諧音記憶串聯出邏輯，以突破人腦正常的記憶範疇。而小學數學繞不開的圓周率，就成了檢驗這種記憶法的最佳試金石。

普通的孩子最多也就背個五位數，但超腦記憶法的培訓人員宣稱，經過他們的培訓，記憶的位數能輕鬆的從兩位數飛躍到十位數。那時，背誦圓周率是小學生中最常見的業餘活動之一，背的位數多的孩子會被老師稱為「小神童」，獲得同學們以及同學父母飽含羨慕的注目禮。

我小時候很爭強好勝，連睡覺說夢話都在背三．一四一五九……但還是比不過班裡的幾個上了培訓班的同學，於是纏著父母也報了名。上了課效果就是不一樣，我再也不用苦背數字了，只要在腦子裡編好故事，就能輕鬆的將圓周率背到十位數，那段時間，我家逢年過節的保留節目就是聽我背誦圓周率。現在想想，也真是心疼我家大人呢。

然而，記住那些數字並沒能給我的生活帶來任何實際上的福利，數學成績依然差得一

塌糊塗，該背誦全文的語文課文也還是背得磕磕巴巴，看似高效無比，卻只是記住了一堆毫無意義的東西。現在想來還覺得後悔。有那些時間，我本能多記住幾個公式。畢竟一個數字就是一個數字，可一個公式，卻能解開很多道題。

有個想學寫作的讀者找我聊天，說自己已經學了很久，但還是收效甚微。我一問，她學習的方法是這樣的——看一本書或者文章，畫一下心智圖，摘抄一下金句，模仿一下對白的寫法，累積幾個素材。不能說這種方法有錯，但也像極了一個大西瓜，別人在吃瓜，可你在啃皮。用的力氣比別人大，但就是嘗不到半點樂趣。

這就是很典型的一個在槓桿比率上栽跟頭的做法，而一個槓桿比率更高明的方法是——看一本書或一篇文章，提煉出一個主題句，然後去想：為什麼作者要這樣說？他是怎麼闡明這個論點的？他的理論依據是什麼？

所謂槓桿比率，就是用同樣的精力，撬動最多的資源。而對於寫作來講，最寶貴的資源就是思維體系。先找到源頭，然後再去在字句和措辭上下功夫。換一個支點，你看到的就是另一番風景。這個時代，正在淘汰不懂槓桿比率的人。

過去聽吳曉波的跨年演講，有句話印象蠻深刻的：

九九%的人會成為無用之人，那什麼才不會被代替？

身邊有個在銀行做貸款業務的朋友，感受尤為深刻。之前銀行的每一筆貸款都需要人工審核，在這個過程中，貸款經理的經驗就特別重要，但網路金融的興起正在逐漸使他們引以為傲的經驗失去用武之地，他開始感覺到，真正的競爭對手並不是身邊的同事，而是一些看不見也摸不著的東西。

從前他們要大費周章才能判斷一個人的信譽，而現在螞蟻金服（按：阿里巴巴集團的網路金融服務公司，旗下包含支付寶、基金投資餘額寶、信貸服務螞蟻花唄、個人徵信服務的芝麻信用等）的大數據，十秒鐘就能生成一個人的芝麻信用（按：透過雲計算、機器學習等技術客觀呈現個人的信用狀況）評分；從前他們要絞盡腦汁才能摸出一家企業的財務狀況，現在只要在網路上搜索幾個關鍵字，就能輕易得到之前非得拚酒拚人脈才能得到的「絕密資訊」。

他自費報了一個研修班，開始了解大數據，學習商業底層邏輯和多元思維模型，不少同事知道後，替他心疼那一年上萬的學費。「為什麼要浪費錢？跟咱們的工作又沒有關係。」而跟工作有關係的是什麼呢？是如何把一份PPT做得好看，如何跟乙方吃一頓暗藏心機的飯，如何在年終總結時不動聲色的把自己誇出花兒來。也不能說完全沒有用。

但花拳繡腿和思維能力這兩個不同的槓桿，能撬動的資源卻是無法相互比較的。去年，我的這位朋友跳槽去了一家風險投資公司，薪資、福利、人脈和招牌都有了質的飛躍，而他那些留在原地的同事，還在為了這個月能不能有幾千元的獎金絞盡腦汁。我們總是說，做事要踏踏實實的一步一步來，但有時候，想要不被時代的洪流吞沒，你必須要踮起腳來跳一步，才能看得更遠。

有三個人，他們各有一百萬。A把錢存在銀行，B貸款買了一間房，C出國去讀了MBA（Master of Business Administration，工商管理碩士），回國後開了一家小公司。同樣的資本，A撬動的是銀行利率，B撬動的是房價的膨脹，C撬動的是人脈、團隊和資本。你覺得他們之中的哪一個，更容易實現財富自由？

之前跟一個朋友聊天，她也蠻拚的，工作五年幾乎天天加班到深夜，薪資倒也有漲，但絕不至於誇張到每年二〇〇％的漲幅，算是勉強能跑贏通貨膨脹。

她特別喪氣的問我：「我真的已經很努力賺錢了，平時開銷也不多，為什麼工作了好幾年還是這麼窮？」

「妳把錢都放在哪兒？」我順口問。

她答：「銀行卡活期。」

「雖然餘額寶（按：餘額寶是支付寶推出的資金管理服務，轉入餘額寶就意味著購買了貨幣基金，並且用戶可以隨時將資金用於消費支出）的收益也不高，但比起銀行卡活期的零點零幾，還是高出了幾個量級。」

按照複利的公式計算下來，同樣是一百元，五年下來就會有二十多元的差距。在人生的這場延長賽中，只靠努力並不夠，你還得學會給自己加槓桿。比如學一門稀缺的技能、借助團隊的力量來擴大自己的影響力、利用資本的槓桿來打開新世界的大門。畢竟，比死磕更重要的，是聰明。

06 不是努力就好，先有目標再起跑

知道自己「要做的是什麼」，遠比知道自己「要去做什麼」更重要。

你有沒有在網路上買過課程？無論是學英語、學PPT、學寫作，還是學穿搭、學美妝、學手繪、學唱歌，不管是聽得到專欄還是知乎 live（按：皆為中國知識付費平台，主講人透過語音分享自己的知識與見解給付費的觀眾），在知識付費已成潮流的今天，你至少有九〇%的機率是它的參與者。

我在微信群發了這樣的一個小問題：「你為知識付過的錢，都值回來了嗎？」表示有用的和表示沒用的各占一半，有一位大哥拋出了自己買各種課程專欄的交易紀錄，粗略一加居然有好幾千，我隔著螢幕都能感受到他的怨懟：「這些都是我今年買的課程，但並沒有什麼用，一！點！都！沒！有！」

馬上就有反對的聲音：「欸？你買的這個我也買了啊，我覺得蠻好的，還靠這個課程考了證照，現在薪資翻了三倍。」、「應該是你還不夠努力吧……。」

大哥急了：「我不努力？我可是一節都沒落下，甚至聽了不只一遍，還做了筆記，還要我怎麼努力？」

同樣在學習，同樣是打卡，有人賺得盆滿缽滿，有人卻虧得血本無歸。我看著他們在群裡認真的互懟，想起不久之前聽商業轉型諮詢師劉潤的一節課，講的是盒馬鮮生（按：阿里巴巴旗下販賣生鮮食品子公司，有網路和實體店，主打網購時的快速、高衛生冷藏運輸之物流能力）的取勝之道。

作為阿里帝國的一員，盒馬鮮生剛進入市場就賺足了眼球。它是超市，賣蔬菜、水果、各種飲料；還是海鮮市場，賣活蹦亂跳的澳洲龍蝦、阿根廷紅蝦和大閘蟹；自開張起業績就一路猛漲：短短一年內就創造了兩億五千萬的營業額，坪效利潤五・六萬，是同行的三・七倍。利潤如此可觀，模仿者自然層出不窮，很多傳統生鮮超市派專人去盒馬鮮生打探敵情，得出了很多「有用」的結論：

它們真的很會選產品，食材都是產地直供的，牛奶只賣當天的，我們也要學；它們的店員都很年輕，做事效率高，我們也該改革一下人事了。經過好幾個月的反省和模仿，很多傳統的生鮮超市終於……倒閉了。用盡心思的追趕先進的零售業態，卻活生生把自己折騰成了先烈，問題到底出在哪呢？

答案藏在盒馬鮮生面世之前。創始人侯毅給阿里巴巴的CEO張勇立下軍令狀——盒馬鮮生不會成為傳統超市，它存在的目的是從線下將顧客引流到線上，透過三十分鐘配送的超快速度，把客流量引到盒馬鮮生的App，透過線上下單的形式進行交易。如果六個月後線上的成交率低於每天五千張單，即使盒馬鮮生是盈利的，也必須關掉。

發現了嗎？盒馬鮮生的「頂層設計」本來就跟傳統超市不一樣，它在開張之前就很清楚自己的定位、目標、商業模式和交易結構。之後所有的工作，組團隊也好，找場地也罷，解決一個個的具體問題，其實都是為這個「頂層設計」來服務的。

所以，它不需要富麗堂皇的裝修，但東西一定要全要好；它賣的東西可以很便宜，但哪怕你只是買一瓶水，也必須透過它的 App 支付。只有這樣，才能完成從線下到線上的導流，搭配上阿里成熟的物流配送系統，讓有限的店鋪面積產生無限的經濟效益。反過來看盒馬鮮生的模仿者，失敗的原因也正是如此。

學選產品、學服務，看似有模有樣，卻沒學到它的精髓。學別人只賣產地直供的產品，但你手上有那麼多的流動資金嗎？就算有，你的場地放得下那麼多貨物嗎？你是不是還需要擴建冷凍庫，增加人手呢？折騰了一圈，好不容易吸引到幾個客戶，買了一次之後就不見了蹤影。

不是你的東西不好，而是因為店在城北，我在城南，總不能為了買點海鮮就要穿越大半個城市吧。人家有成熟的冷鏈（按：冷凍、冷藏供應鏈）物流，半小時配送不在話下，你又要怎麼辦呢？弄得手忙腳亂，拆東牆補西牆，一不小心就把自己學成了四不像。有時候，知道自己要做的是什麼，遠比知道自己要去做什麼更重要。沒有頂層設計的努力，就像一個沒有邊界的空架子，不管你往其中填充多少東西，都無法讓它成形。

我常常收到讀者的提問：「怎麼學英語？」、「怎麼提高閱讀的效率？」、「怎麼學寫作？」言辭之迫切，態度之誠懇，配得上求知若渴，虛心若愚八個大字，可每當我問他們：「你為什麼要學？」、「你想學到什麼程度？」、「你打算用多久的時間達到目標？」只有為數不多的人能說出清晰的規畫，大多數人的回答都是「我想給自己找點事做」、「我想成為更好的人」等模稜兩可的套話。

正是對這三個問題的不同回答，逐漸拉開了人與人之間的差距。比如如果你學英語只是為了去新馬泰旅遊一圈，記上幾十句常用的口語基本就足夠了，可是如果你偏要買本「紅寶書」（按：紅寶書是文化大革命中對毛澤東著作的稱呼。但自二〇〇〇年代以來，中國的一些出版商也會將所出版的書籍冠以「紅寶書」的名稱以示權威性）死磕，哪怕頭懸引錐刺股，還是不會說也聽不懂，反而會讓你對英語生出厭惡和恐懼。

又或者，你看身邊的人都在學習，不管三七二十一就挑貴的、有名氣的課胡亂一通苦學，可是學了一大圈什麼都用不上，時間一長，自然就會把它忘得一乾二淨。這就是典型的缺乏頂層思維，自己給自己挖坑的努力。

花一個月的時間，想一想你想去的方向。想想一年後、三年後、五年後，你想要成為怎樣的人，做什麼樣工作，達到什麼樣的生活狀態？然後倒推回眼下的每週、每天、每個小時，那就是你的頂層設計。**學會規畫自己，是比努力更重要的東西**。

07 絕望之後這才有了選擇

失去的就讓它失去，得不到的就果斷放棄，絕望是一種停損。

心理諮詢師武志紅在《感謝自己的不完美》中，寫過這樣一個故事：女孩Z，兩、三歲時父母離異，離婚後母親不知所終，父親忙著賺錢養家，只好把她寄放在親戚家裡。她從小寄人籬下，早早就學會了看人臉色，總是努力討好每個人，但在學校還是總被人排擠，沒有一個朋友。

有次學校換新課桌，需要交幾十元，她因為拿不出來被老師排到了教室最後，被那些比她高的同學擋得連黑板都看不見，還要忍受同學們的嘲笑和排擠。她又羞慚又痛苦，生出了自殺的念頭。

她在一張白紙的兩邊分別寫下自己應該活著和應該去死的理由，然後哀傷的發現，該去死的理由比該活著的理由多出了長長的一串。她忍不住痛哭起來，一邊哭一邊回憶自己的種種不幸，本來準備哭累了就去死，但哭著哭著，心裡卻忽然冒出一個聲音：「是的，妳很慘，但妳還可以做很多事」。

這個聲音讓她一下子生出了想要活下去的念頭。反正都已經這麼慘了，還能壞到哪去？既然無法再壞了，那就來試試看做些什麼吧。

等到武志紅的那本書出版時，女孩已經二十八歲了，讀完大學，自己在廣州開了一家店，身邊也有了不少能交心的朋友。

聽上去挺不可思議的吧？但在一個人把所有糾結的內耗都用來改變人生之前，你永遠不知道這個人的身體裡究竟藏著多大的力量。我很差勁啊。但那又怎樣？

在小說《令人討厭的松子的一生》中，女主角松子則恰恰相反。她從小得不到父親的愛與肯定，一生都在試圖彌補這個缺憾，總是倉皇的從一個懷抱逃進另一個懷抱，卻每次都所托非人。一次次掏心掏肺的付出，拚將一生休，盡君一日歡（按：人的一生的快樂都積聚到一起，用一天的時間盡情的享樂），可換來的卻是一次次的欺騙、利用和拋棄，一次次重複童年的命運，直到死亡。

我有時候覺得，松子的人生悲劇的根源其實並不在於缺愛本身，而是在於她從不願意承認自己缺愛這一事實。她所做的一切都是在證明「瞧，我也被人深愛著呢」，哪怕那段愛是刀山火海，她也會毫不猶豫的一頭栽進去。急著用身邊的一切來填補那個黑洞，倉皇到了飢不擇食的程度，好像一直在努力，卻始終都在追著那個錯誤的答案。

我常常忍不住想，要是她能認命就好了。對啊，我就是缺愛，那又怎麼樣？愛又不是雨，總會平均的落到每個人的頭上，得不到也沒什麼大不了的，最差的結果，也不過是一個人過一生。以松子的品格和能力，即使一個人應該也能活得很好吧。她並不是被軟弱所害，相反的，她死於「從來不肯軟弱」。

絕望，有時是一種停損。我的一個好朋友前段時間失戀了，一把鼻涕一把淚的求姊妹們想辦法挽回男友的心。她是真的喜歡那個男孩，也是真的喜歡到茶不思飯不想的程度，我們常常深夜裡還在微信群裡集思廣益幫她想辦法。從妝容到話術、從如何展示楚楚可憐到如何反覆出現在他的朋友圈子裡，辦法想了一個又一個，直到半年之後傳來噩耗：他跟初戀女友復合了，準備年底結婚。

我仍然記得那一夜她淚眼婆娑的樣子。雖然恨不得立刻把那個人五花大綁來跟她拜堂，但我們也只能無奈的搖頭。早在他們還在一起時，我們就對他那位女神般的初戀多有耳聞，如今女神主動回頭，哪還給她留下什麼迴旋的餘地？挺怕她想不開的，幾個玩得好的朋友私下商量好每天派一個人去陪她吃飯，當我第二天拎著外賣按她家大門時，她的眼睛雖然還腫得像桃子似的，卻已經敷上了面膜。

「想想真是絕望啊，我的餘生都不會有他了。他再也不會接我下班、再也不會陪我玩樂高、再也不會像以前那樣從背後抱著我了。但好像也沒什麼了不起的，沒了他，我也不是不能活。」

那是她痛哭了一整夜之後想通的人生。你看，有時候絕望也沒那麼可怕，真正可怕的是你從來不肯承認那就是盡頭。失去的就讓它失去，得不到的就果斷放棄，絕望有時也是一種止損。絕望之後，才有選擇。

08 欲望就像海水，看不見盡頭，還越喝越渴

人沒有自己想像中的那樣清高，你自以為的堅定不移，可能只是因為誘惑還不夠令人心動。

一個相熟的小姑娘找我聊天，連著發了好多條微信，氣呼呼的：「這幾天開學，我有個室友直接開著奧迪TT來的，大紅的車往宿舍樓下一停，真的不要太拉風。說出來妳可能不相信，她上學期還申請獎助學金呢，這會兒倒是搖身一變成公主了。」

我正在開會，心不在焉的回她：「一個寒假賺六十多萬元，搶銀行了嗎？」

她又感慨一聲：「妳沒見著送她來的男朋友，老得都跟她爸一樣了，聽說是中年喪偶，想等她一畢業就結婚。我室友長得好看、腿又長，硬是一朵鮮花插在了牛糞上。」

「所以呢？妳是嫉妒，還是鄙夷？」我問。

「都有點吧。」她說，「還有點心疼和想不通。其實我們關係還蠻好的，看得出來，她其實一點也不喜歡那個老男人。那我就不懂了，明明不喜歡為什麼還要在一起？就只是為了從他那兒要一點東西？我就這麼跟她說了，可是她反而說我傻，說面前擺著跳板不用白不用，他隨便提攜一把，就抵得過自己奮鬥好多年。

「雖然本能的反對她這種說法，但理智上又覺得她說得對，我爸媽就是普通的上班族，辛苦的幹了一輩子，也買不起奧迪TT，和用得起SK-II。」

最後她說：「想想一起畢業的場景就覺得挺『喪』的，自己灰頭土臉的跑校園徵才，拿著寒酸的實習薪水，人家高枕無憂的在宿舍裡敷著面膜收房租。」

寒窗苦讀十二年，不如嫁個有錢人。

主持人柴靜的《看見》裡曾寫到這樣的一個片段：

一個拍攝虐貓影片的人接受採訪，提到自己也養過一隻貓，十七歲時老死家中。柴靜的同事老范發問：

「如果現在付錢給你，要你踩你自己的那隻貓呢？」

「我會收下錢，再要人把牠帶走，不要讓我看見。」

「如果一定要讓你看著，當面踩死呢？」

「如果……錢高到一定程度的話，可以。」

他回答完了之後立刻開始反問：「如果妳也養貓，他們也付給妳足夠高的價格呢？」

老范回答得斬釘截鐵：「絕不可能。」

「五百萬。」

「絕不會。」

「一千萬。」

「不會。」

「五千萬。」

「不會。」

「一億。」

她臉上像有個頓號一樣，很短的遲疑了一下。

「不會。」

他詭譎的笑了笑：「如果更多呢？總有一個能打動妳的點吧？妳只是不會那麼輕易的跨過妳的底線，這就是妳和我的區別。」

那是一段真實到可怕的採訪紀錄。人遠沒有自己想像中的那樣清高，你自以為的堅定不移，可能只是因為誘惑還不夠令人心動。可是生活的殘忍之處就在於，**你越是沒有資本，需要抗拒的誘惑就越多**。摯愛如是、青春如是、尊嚴如是，乃至生命本身也是如此。

從你開始認同金錢能夠衡量一切時，你的人生就已經被標上了價碼。而那就意味著你的生活、你的底線，乃至你的尊嚴，都是被明碼標價了的，都可以用金錢去交換。總會有能出得起價的人，買走你以為堅不可摧的底線。一步步越陷越深，像是懸在頭頂的那把僅用馬鬃繫著的達摩克利斯之劍（按：比喻時刻存在危險），劍鋒落下之時，才是萬劫不復的開始。可最開始時，那也不過是無害的試探而已。

美國哈佛大學經濟學教授森迪爾．穆蘭納珊（Sendhil Mullainathan）在《匱乏經濟學》（*Scarcity: Why Having Too Little Means So Much*）中提出了一個叫「匱乏」的原理。

當我們手頭上的錢不夠，或者一件事的最後期限就快到來時，我們就會產生匱乏心態，這種心態會導致我們將注意力全部集中到眼下的某物或者某事上。它會減少我們的心智能力，降低前瞻性，同時削弱我們的執行控制力。

以金錢為例，對於金錢的匱乏心態會讓人把所有的注意力集中在錢上，變得衝動並失去控制能力，做出錯誤的決定，然後進一步放大對於金錢的匱乏心態，陷入一個無法脫身的旋渦。匱乏陷阱尤為可怕的一點，就是它會讓你身在其中而不自知，讓你覺得自己只要再多一點錢，就能擺脫現在的一切，進入更好的生活，就能逃脫這個惡性循環。一邊用盡全力，一邊越陷越深。

我不是想斷言嫁了豪門的女孩一定會不幸，但她們其中的很多人，尤其是在很年輕時，不懂財富背後的祕密。她們對商業嗤之以鼻、對人脈不屑一顧、對機遇一知半解，滿心滿眼只有今天買了幾個新款包包，或者又獲得了多少羨慕的眼神。她們享受那種「一朝翻身人上人」的快感，卻沒有去思考最重要的問題：青春易逝，紅顏易老，拋去可供依附的一切，自己有何立足的本事去維持正常的人生？

想要過上更好的生活並沒有錯，但那需要的不僅是美貌，還有大腦。有這樣一句老話：欲望就像海水，越喝越渴。在你學會弄潮之前，要先保證自己不被它吞噬掉。

09 工作量不會讓人沮喪，常見的粗心才會

你現在的每一天，就是你未來的模樣。

騰訊前副總裁吳軍在專欄裡寫到了一件早期在谷歌工作時的趣事。

有天他看見技術部的總監正在責罵下面的一位程式設計師，因為這位程式設計師在使用一種很笨的排序程式碼，程式設計師也不服氣，辯解說這次要參加排序的總數量不大，採用什麼排序方法用的時間都差不多，他因為案子趕，自然就挑選了最簡單的程式碼來寫程式，認為總監是故意為難他，雞蛋裡挑骨頭。

總監走後，程式設計師委屈的來找吳軍評理，吳軍回答他：

人生活在小數字的世界裡，難免會保留固有的習慣，但你既然從事了資訊這個行業，就要假設這個數值會變成無限大，一旦上限增加，笨辦法造成的額外工作量可不只十倍、百倍。

在舊的習慣毀掉你之前，你必須趕快把最有效率的做法變成你的新習慣，越快越好。

之所以想起這件事，是因為有個讀者來找我聊天，苦惱的說起自己最近加班加到吐血，而**最讓她沮喪的並不是巨大的工作量，而是她自己的馬虎。**

就是那種挺常見的粗心，Excel 數值格式不對用不了函數，只好手動的一個一個去算上百行的資料；ＰＰＴ圖片大小總是弄不好，要麼圖片大得超出了邊框，要麼小到連關鍵資料都看不清；更別提敲錯一個小數點或複製錯了行，導致所有資料都得重做這種烏龍。

並不是多難的問題，她也一再提醒自己要認真、要小心，可是每次複查都會出現大大小小的問題，只好一個人留下來加班，有時還會耽誤整組的進度，弄得自己愧疚不已又心力交瘁。

她是今年才換到新部門的，前幾年在公司負責一些文字工作。因為是輔助類工作，都是不大引人注意的那種，比如全形半形的標點老是不分，「的」、「地」、「得」也常用錯，雖然也常有小毛病，但都無傷大雅，老闆偶爾說她幾句，也是玩笑多過批評。

從一開始的略帶忐忑到後來的習以為常，那種「差不多過得去就行了」的心態逐漸成為了她做所有事的習慣。為什麼要那麼認真啊？反正也不重要，反正也沒人看見。然而到了有人在意，有人看見的那天呢？這世上少有人能脫胎換骨，卻有個詞叫積重難返。

前段時間，我跟公司的一位前輩一起出差，九個小時的航班，又一路都在討論專案上的細節，到了酒店我連澡都顧不上洗，恨不得推開門立刻就躺下，然而她問我：「半個小時收拾一下，然後健身房見？」那個姊姊年長我幾歲，我不好意思直說自己想偷懶，先是找藉口說手機沒電，又說要回房間去熨明天要穿的西服，所以沒時間。

「不是沒時間吧，是沒習慣。」她毫不留情的揭穿我拙劣的藉口。「有些習慣，妳三十歲之前養不成，就一輩子都養不成了。就拿健身來講，現在還單身的妳都擠不出時間，等再過兩年結了婚、有了孩子，就更有理由把這件事一拖再拖。但如果妳把它當成一個無論如何都要去履行的習慣，無論妳多忙都能擠出時間來，哪怕是一邊敷面膜，一邊趴在地上做幾分鐘平板支撐。」

即便是作為一個重度懶癌患者，我也不得不承認她的話很有道理。就像我每天不看一會書就會覺得渾身難受一樣，因為這一習慣的存在，我能在一切場合迅速的進入閱讀狀態，無論是在晚上尖峰的地鐵上，還是兩個會議的空隙，我總能掏出 Kindle，找個角落飛快的看上一會兒。

就像她不相信會有人真的「沒時間健身」一樣，我也從不相信有人「沒時間讀書」。**所有的時間問題，歸根究柢都是習慣問題，你真的想要去做的事情，從來不怕沒時間。**

我的一個朋友曾講起自己一次失敗的面試經歷，後悔得不得了。

他之前在一家非常輕鬆的國營企業上班，上下班從來不需要按時打卡，按個指紋不過是做做樣子，所以一到冬天他就懶癌發作，三個月裡，能按時去上班的日子沒有幾天。待了三年多，他覺得生活特別無聊，就想換個環境挑戰一下自己，正好當時有家五百大外資企業正在徵人，經驗、資歷全都符合，他精心的準備了簡歷，電話面試和筆試也非常順利。只剩下最後一輪面試，他也早早就開始準備，背景資料查了一大堆，對最可能被問到的幾個問題，也都精心的準備了最妥帖的回答。

面試的時間定在一個上班日的早上九點，他請好了假，早早就上床睡覺，還刻意多定了一個鬧鈴。但他還是晚起了，他像往常那樣按掉鬧鐘，重新把自己裹進被窩裡，不知又睡了多久的回籠覺才忽然想起：糟糕，還有面試。

準時趕到肯定是來不及了，他硬著頭皮打電話給HR問能不能改時間，得到的只有一句：「很遺憾，負責面試的合夥人十二點的飛機去倫敦，這會兒都已經離開公司了，這個職位，恐怕已經定了別人了。」他恨不得揪著自己的頭髮，摑自己兩個耳光。

真是沒想到，在人生這樣一個關鍵的時刻，扯後腿的不是智商，也不是情緒智商（EQ），甚至不是能力，而是一個微不足道的習慣。可誰又能說不是呢？就像瑞典作家巴克曼（Fredrik Backman）說的那樣：

什麼是人生？它是你所有習慣的總和。

你現在的每一天，就是你未來的模樣。

3

懂得一個人獨處，學會與人相處

「你可以不給，但是我需要。」這十個字，是我聽過最簡短卻也最實用的相處之道。

01 真正聰明的人都很會「要」

你什麼都不要，你就一點也不重要。

週末跟一位做人力資源業務合作夥伴的朋友吃飯，她講起一次面試候選人的經歷，讓我感觸良多。

公司空缺的職位是一個部門的副總監，四輪面試之後，剩下了兩個候選人，從年齡、意願和經驗等各個方面來講，這兩人都不相上下。最後一輪是合夥人面試，到了這一輪，最終拍板的權力已經不在HR的手中了，但為了保證公平，她也需要在場。

面試進行得非常順利，就在離結束還有十幾分鐘時，合夥人忽然看似很隨意的發問：「公司新業務板塊的拓展現在遇到了困難，新產品利潤薄，市場占有率低，以提成紅利為導向的業務部門對推廣新產品並不熱衷，反而依舊是把大部分的精力花費在推廣舊產品上，你上任之後將如何解決這一難題？」

候選人A侃侃而談，從市場講到團隊管理，從人心講到市場行銷，甚至還立了軍令狀，如果他能上任，保證六個月之內解決這一難題。

我的這位朋友並不了解部門的具體業務，但只在一旁聽著，都覺得A條理分明自信滿滿，恨不得衝上去替合夥人拍板決定，你就是對的人。尤其是在候選人B開口之後，更讓她堅定了自己的想法，因為B根本沒有回答這個問題，而是一連提出三個反問：

「我的團隊裡有多少位可以獨當一面的業務精英？我能從其他部門得到哪些資源上的支持？公司最多能給我多長時間？」

她心裡已經有了判斷，便沒有再認真聽B的回答，只顧低頭整理兩個人的資料，面試很快便結束了，合夥人起身：「準備給B辦一下入職手續吧，今後就是同事了。」

「怎麼會是B？」她吃驚的表情還沒來得及收好便被合夥人看在了眼裡。

他笑了笑，解釋道：「A說的那些東西都很對，也說得很好，但無論哪一項都不是他單槍匹馬就能完成的，不先確認自己的團隊實力多強、公司能給多少資源傾斜（按：企業發展到某一階段，受外部及內部環境的影響，公司在人力、物力、財力方面給某一特定部門予以『特別關照』，以特別的政策來加強該部門的發展）、管理層有多長時間的耐心？理論雖然漂亮，但真做起來就會發現處處意外，多頭受阻。

「而B從一開始就預估到了推進的過程中會有什麼問題，需要公司從整體層面給予什麼樣的支援才能把它們全部解決。

「高手對弈，棋差一招便滿盤皆輸，更別說B比A的戰略眼光高了不只一點。妳記住，一個真正聰明的人，不僅會給，也很會要。」

我特別理解她聽到這句話時的瞠目結舌，從常規的思維方式來看，A不就是日常生活中的我們？掏心掏肺、牽腸掛肚，恨不得把自己的所有好東西都拿出來給別人，但很少開口去要。

在學校幫室友簽到、買零食，卻連「你等下幫我收個快遞」都說不出口；買鞋、買襯衫、買領帶給男友，卻不好意思說「我想要那款口紅，你送我好不好」。在公司任勞任怨如老黃牛，卻總是一到年終就犯，老闆不說加薪，自己也從不主動開口要求。口口聲聲說「我對你好不求回報」，信誓旦旦說「我喜歡的東西我自己買」，自欺欺人說「我工作才不是為了錢」。說得都挺漂亮，但嚥下過的苦，自己知道。

職場如此，關係中尤甚。

我剛工作時跟一個姊姊面對面坐，那時候她有男友，高帥的男神一枚，她心疼他心疼得要死，我幾乎每天都能聽到她在電話裡說：「你不用來接我，我一會兒加完班自己回去就好。」、「不用給我買飯了，我在餐廳隨便吃點什麼就行。」、「口紅啊，我不要，這週末我跟朋友逛街自己買就行了。」

多麼體貼、多麼大氣、多麼溫柔，我把她當作偶像一樣崇拜。可是還不到一年，他就提出了分手。那時正好是年底，我們團隊去聚餐，她借著喝了點紅酒在聚會上哭了起來：「她哪點比我好？每天讓他做這做那的，他上班那麼辛苦，她還要他陪她買東西提包，我那天看見他，他都瘦了。我對他那麼好，他怎麼就一點也不珍惜呢？」

我們幾個沒談過戀愛的女孩圍在一邊七嘴八舌的安慰她，數落那個男生的不是，只有一位精緻又精明的女主管朋友冷眼旁觀了半晌，最後終於開了口。而我至今仍記得她說的那句話：「我知道妳是心疼他，很多事情也不是必須依靠他才能解決，但很多時候，需不需要和必不必要是兩碼事。**妳什麼都不要，妳就一點也不重要。**」

我從那家公司跳槽後，有次跟女主管約吃飯，她老公開車送她過來，說下午手頭上還有點事，想把車鑰匙留給她，讓她吃完飯自己回家。穿著七公分的高跟鞋都能在十分鐘內穿越兩棟航廈，出差連開六個小時的高速公路夜路還能東奔西走的她，卻搖頭擺手的撒起了嬌：「不要嘛，你忙你的，我又不著急，你忙完了記得接我回家。」

我不解風情的接話道：「要不一會兒我送妳吧。」

她睨了我一眼：「妳開車技術不好，沒我老公開的車坐著舒服。」

我險些噴出一口老血，而她老公竟也沒露出厭煩的神情，眼神裡反而多了點寵溺，點頭說好。

我擔心的問：「妳這樣會不會影響他工作啊？萬一他沒弄完還要趕著來接妳，耽誤了事情多不好。」

她大笑：「妳傻啊，我就是那麼一說，又不會催他，他要是沒忙完，我叫車回去跟他說一聲就行了。我知道他忙、也知道他不一定能來，但我只是表明我自己的態度。」

你可以不給，但是我需要。這十個字，是我聽過最簡短卻也最實用的相處之道。但我不是，我認識的很多人也不是，他們對「給」情有獨鍾，卻非常害怕去「要」。給時姿勢多好看啊，端的是一副高風亮節，「我有大好河山分你一半」，多麼慷慨和體面。但要時就不是，它讓人顯得軟弱，顯得無能，顯得不那麼獨立，一點都不酷。

但也正是因為軟弱、無能、不那麼獨立，才會**讓另一個人產生「被需要」的感覺**，才能讓對方了解你的需求，無論是你渴望的愛意還是你需要的資源。正是這些「有來有往」，才讓關係成為關係，而不是讓一個人站在橋梁中間獨木難支。正如柴靜在〈赤白乾淨的骨頭〉裡寫的那句話：

美比真好看，但真，比美好。

02 你無法阻止情緒，但得學會自己處理

比慘，交換一下情緒、確認一下彼此的沮喪，這無濟於事。說事情、找答案，然後去行動，這才是解決問題的方法。

事後想來，那場同學聚會是從大林的出現，氣氛開始轉變的，他遲到半個多小時，一進門就連忙告饒：「抱歉、抱歉，老闆奪命連環 call 臨時要我改個PPT，改了三遍還不滿意，好不容易弄完準備走，老婆又說小孩發燒了，才剛把他們送到醫院，就來這報個到，我還得趕快回去。」

他匆匆的說了幾句，又匆匆的走了，走之前正巧服務人員來上主食，他抓起一個荷葉餅就往嘴裡塞，手裡還不忘帶上一個：「我從早上到現在還沒吃飯呢，先走了啊，你們慢慢聊。」

他來之前，我左手邊的幾個人正聊到自己的公司準備年初就開始B輪融資（按：公司經過一輪燒錢後，獲得較大發展，有的已經開始盈利。此時，融資人可能需要資金支援推出新業務、拓展新領域，那麼就適合以說服上一輪風險投資機構跟投，或尋找新的風投機構加入，又或是吸引私募股權投資機構加入的形式，開始新一輪的B輪融資），右

手邊的正互相吹捧著對方名片上更上一層樓的頭銜，我也正在跟身邊的朋友聊著新一年的職場規畫。而大林的出現改變了這一切。

老班長嘆口氣：「我晚上回去也還要加班，老闆人在夏威夷度假，每天還要催我寫專案，真是連年都不讓人好好過，賺點錢不容易。」

緊接著是學藝股長：「唉，現在養個孩子不容易，前幾天我家小寶生病，我家那位在外面出差，我一個人熬了好幾個通宵。」

半是出於社會禮節，半是出自真心實意，大家不約而同的開始講起了生活的慘、苦和累，一桌子飯菜也沒人再動，一時間此起彼伏，飯桌上全是嘆息聲。

我跟一位朋友同路回家，她感慨：「今天真是太累了。」

我隨口答道：「社交一小時，回家緩半年，的確是挺累的。」

「不是的。」她搖搖頭，「不是因為社交，而是忽然覺得生活就挺累的，看到每個人都那麼努力，卻都過得不那麼好，愛莫能助又感同身受，忽然就覺得特別沮喪。還是喜歡大家一起展望未來吹吹牛，哪怕只是一場歡樂的情境喜劇，起碼也還是有點光的。」

很久以前在微博上看到過一句話：

人到一定歲數，自己就得是那個屋簷，再也無法找其他地方躲雨了。

可是我沒想到，這個年齡會來得這麼早。

我身邊年長一些的朋友告誡我：「從二十五歲開始，你就要學會做自己的樹洞了，很多事不要說，也不必說出來，自己慢慢消化就好。」

那時候的我還是個連手蹭破一點皮都要跟好友呼痛半小時的 Drama Queen（按：指喜歡小題大作，大驚小怪的女孩子），對這句話完全不能理解。跟哪個同學不對眼、對哪個老師有看法、上哪門課很無聊，針尖大的小情緒都要跟朋友家人抱怨吐槽。是從什麼時候開始改變的呢？

或許是從撥通男友的電話，他比我還疲憊的說自己正在加班開會，晚一點打回給我時；或許是跟閨蜜視訊時情緒崩潰，而她一邊安撫身邊的小孩，一邊焦頭爛額的安撫我說：「妳別哭，我抱不到妳時。」或許是祖父、祖母輩開始頻繁的進出醫院，再也不能像從前那樣微笑著任我撒嬌時。

我清楚的記得有次我因為職場上的一些事，約一位前輩聊天，那天我一直在抱怨，一直講自己有多煩惱、有多痛苦，而他卻毫不客氣的對我說：「如果妳不告訴我妳需要什麼幫忙，只是想說妳現在過得有多不好，那今天這場談話就沒有任何意義。」

比比慘，交換一下情緒、確認一下彼此的沮喪，是無濟於事的。說事情、找答案，然後去行動，這才是解決問題的方法。

而我是在那一天回家的路上，忽然明白了二十五歲這個分水嶺的意義之所在。我們二十五歲之前遇到的問題都太情緒化了。無論是十五歲時跟同桌鬧了彆扭、或是十八歲時解題解到想哭、或是二十歲時糾結多思的「他喜歡我，她不喜歡我」，還是二十二歲時初入職場的懵懂與茫然。那些事情與其說是問題，不如說是情緒上的一個疙瘩，只要有人陪著、有人說我懂、有人說：「看看，我比妳還慘呢！」自己就能滿足的哈哈一笑，次日醒來又是新的一天。

可是二十五歲以後遇到的問題卻已經開始脫離情緒。工作三年卡在不上不下的瓶頸；不得不面對的親人離世，或是還沒準備好就做了父母；職場遭遇了心狠手辣的馬屁精同事；建商遲遲不交屋，現在的房東不續租……沒有哪件事是能被幾句輕描淡寫的安慰，或是夠機靈的調侃打發掉的。

見面寒暄時問的：「你最近好嗎？」更像是一句標準課文裡的「How are you?」，若是你不按常理去答：「Fine, and you?」而是順勢開始抱怨倒苦水，大都會得到一個略帶尷尬的笑容，或是另一個比你還慘的故事。你會在對方的笑容和故事中確認自己的悲苦與沮喪，卻又因為沒有獲得解決問題的方法或力量而更加難過。

有人說，中年危機這個詞已經不再適應這個社會了，現在都叫成年危機，從成為成年人的那一刻起，便步入了殘忍的叢林。可能拯救成年危機的，恰恰不是抱怨、嘲諷、互相比慘或者是互相安慰，而是一個人的勇氣。沒人陪你、沒人懂你、沒人能手把手的幫你解決生活中的種種難題，而你，只能在一次又一次的失望和挫敗中慢慢成長。

學會不再哭喪著臉四處抱怨；學會不相信太過輕巧的安慰或敷衍；學會成為一個合格的成年人，不自憐、不自哀、不自怨。音樂人許巍的〈曾經的你〉裡有這樣一段歌詞：

每一次難過時，
就獨自看一看大海，
總想起身邊走在路上的朋友，
有多少正在療傷。

我總覺得，這或許才是對待情緒的理想態度吧——有情緒，但自己能治癒。知道自己並不是在孤軍作戰，但永不用悲傷和絕望去交換戰友。願與你共勉。

03 父母在等我們道謝，我們卻在等父母道歉

別讓內心戲成為束縛你人生的牢房。人生只有一次，別糾結，好好活。

在地鐵上旁觀了一對母女吵架，覺得蠻好玩的。

小姑娘大概上高中的模樣，正滑著手機看新聞，忽然伸手戳了戳瞇著眼睛打盹的母親，緊張兮兮的說：「媽，妳看，新聞上說有一家人因為吃了泡得太久的木耳都住院了，妳以後千萬別把木耳泡那麼久了，多危險。」

做母親的撇撇嘴：「別信這些有的沒的，我做了這麼多年木耳都是這樣吃，妳還不是好好長大了。」

「昨天家裡的涼拌木耳……妳不會也泡了好幾天吧。」

「是又怎麼樣？我做了這麼多年飯了，還要妳教我？我是妳媽，我會害妳？」

「以後咱們就現吃現泡吧，妳這種做法不安全。」女孩堅持。

「就妳行是不是！」女孩話音未落就被母親打斷。「妳做過飯嗎？長到十幾歲廚房都沒下過一次，還在這兒挑揀我的不是，有本事妳以後別吃我做的菜。

「我天天下班累得要死還要給妳做飯，妳不領情就算了還教訓起我來了，這麼多年書

都讀到哪去了？小沒良心的，跟妳爸一模一樣。」

那女孩在母親的怒火和抱怨中敗下陣來，草草嘟噥了一句：「我不是這個意思。」就轉過頭去，臉上也有慍色。一直到下車，母女倆都沒再說過一句話。

有次聚會，一位女性朋友講起自己的童年往事，觥籌交錯間竟差點掉下淚來。

她小時候家裡有段時間出了意外欠了很多錢，爸媽都在外面打工還錢，而還在上小學的她，特別想要一個跟同桌一樣的新款書包。她軟硬兼施了很久媽媽才答應，只要她期末考試考全年級第一就給她買新書包。說這話時，她排在班裡的十名外，對新書包的渴望讓她忽然愛上了學習，成績突飛猛進，居然真的考到了第一名。

而當她興奮的把獎狀拿回家討新書包時，只得到了一聲無奈的嘆息：「昨天剛還了一筆錢，等有錢了就買給妳。」

這個書包，從她八歲欠到十八歲，再到二十八歲，即使後來家境好轉，也沒有人再想起。她有次回家偶然跟父母提起：「我小時候你們還忽悠我，說考第一名就給我買書包，結果一直都沒給我買，我失望了好久呢。」

不過一句玩笑話，卻惹得父親勃然大怒。

「那時候我跟妳媽一天打三份工供妳上學，妳問過我們有多辛苦嗎？一個破書包妳記這麼久，我們為妳做了這麼多事妳怎麼不說？」

她才剛解釋了幾句，母親就眼淚汪汪的跟著數落：「我當時要是不那麼說，妳會努力學習嗎？妳現在能上得了大學嗎？當年家裡哪方面不是好的都讓妳先吃先用，妳怎麼能這麼說？」

她那天幾乎是從家裡逃出來的，如今提起依然紅了眼眶。「我根本就不是在翻舊帳指責他們，他們把我想成什麼人了？我在他們心裡真的這麼沒良心嗎？不過是想好好說句話，怎麼就那麼難？」

這樣的情形，似乎更應和了那句「父母在等我們道謝，我們卻在等父母道歉」，看似同一個層面上的對話，其實對話的雙方根本不在同一個頻率上。

習慣了活在內心戲之中的人，往往特別容易陷入防禦性傾聽。他們往往會先給自己預設一個自我保護的立場，比如「她是在挑釁」或者「他可能是故意要激怒我」，使得所有後續的對話都像是不受控制的小磁針，紛紛向自己預設的立場靠攏。

在這樣的對話中，並沒有「你」和「我」，有的只是一個人和他的內心戲。當地鐵上的那個小姑娘說「妳這種做法不安全」時，她母親聽到的卻是「妳是錯的」。當我的這位朋友講「我失望了好久時」，她父母聽到的卻是「你們真是不負責任」。

一個在講事實，一個在講道理。一個滿懷怒氣，一個滿腹委屈。更糟糕的是，習慣於防禦型傾聽的人往往並無法意識到自己的溝通模式，當你告訴他：「是你想多了。」、「我沒有這個意思。」時，他們反而會更加生氣。

如果你不得不跟這一類人打交道，最好的方法並不是講道理，而是找到並且避開他們的地雷區。知道對方特別在意對錯，就不要用「你應該」、「你最好」這樣的句型，可以嘗試更委婉一點的聊天方式，比如：「我知道一個方法〇〇〇，你覺得怎麼樣？」

防禦型的人只是固執，但並不傻，只要不被踩到地雷區，他們便有足夠的理智來思考和吸收你講的這件事，而不是急於證明「你是錯的，我才對」。如果你是防禦型的人，不妨嘗試主動跟對方確認他的想法，多採用「你的意思是〇〇〇嗎」和「你是不是想說〇〇〇」這樣的句型，來弄清對方的真實想法。

別讓內心戲成為束縛你人生的牢房。人生只有一次，別糾結，好好活。

04 關係除了要走心，還要走腦

人生是分段函數，任何一種努力方式都是有極限的，你需要從單打獨鬥，學會如何借力和給予。

曾經在微博上看到這樣一個話題，「在陌生的場合，你會怎樣避免跟其他人交談？」下面的回答五花八門——假裝在聽歌，哪怕手機早就沒電了也不會摘耳機；低頭假裝發訊息，好像手機裡有世界上最好玩的東西；出門永遠戴著口罩和墨鏡；不停的喝水，然後借機跑去洗手間待很久。

在陌生人中，面對未知的對話方向，或是與比自己厲害很多的大神同處，對許多人來講，是「社交中不可承受之重」，可對於另一些人，這卻是最能讓他們如魚得水的場合。一個著名的社交案例，來自美國總統比爾．柯林頓（William Jefferson Clinton）：

一九六八年，柯林頓還是牛津大學的一位學者，有次在聚會上遇到了另一位名為傑弗瑞的學生，柯林頓立刻掏出了一個黑色的筆記本，問道：「你是做什麼的？為什麼會來到這裡呢？」

傑弗瑞答道：「我是傅爾布萊特獎學金的交換生。」

柯林頓立刻把「傅爾布萊特」四個字記在了筆記本上，接著又詢問了他的本科學校和專業。

傑弗瑞不禁好奇：「比爾，你把這些記下做什麼？」

「因為我要參政，我打算要競選阿肯色州州長，我要記下遇到的每一個人。」柯林頓回答。

《華盛頓郵報》（*The Washington Fost*）如此評價柯林頓的社交魅力：「他即便是在屋子的角落，往牆上隨便一靠，都能迅速吸引人的注意力，他認識所有人，這種認識不是只停留在名片上得到的基本資訊，他還知道別人的職業、興趣等。」

社交魅力是天生的嗎？為什麼有的人非常努力的想要提高自己與人交往的能力，卻並沒有什麼實質上的突破？以及，社交在個人的發展中究竟扮演何種角色？希望這篇文章能夠幫助你更好的理解這三個問題。

1. 社交能力會遺傳嗎？是的。

如果你的父母沒有廣交朋友、積累社會資源的行為，如果你從來沒有見過他們在家裡宴客或是參加什麼社會活動，你便可能只是跟同學和同事交往，每天過著朝九晚五的生活。如果你的父母認為「只要自己努力就能成功」，你出社會之後也很難認識到人脈對於成功的重要性，只是自己悶頭努力奮鬥，不願主動結交貴人，也不會在意高手的提攜。

社交能力跟財富一樣，都是可以遺傳的，而它與財富不同的是，它不僅是資源的交替，更是一種習慣和處世態度。《別自個兒用餐》（*Never Eat Alone, Expanded and Updated:And Other Secrets to Success, One Relationship at a Time*）裡，啟斯・法拉利（Keith Ferrazzi）講了他童年的一個故事：

在他還在上小學時，有次跟父親一起回家，父親看到路邊的垃圾堆裡有一輛壞掉的玩具車，他停下來把玩具車撿了起來，然後敲響了垃圾堆旁住戶的門。

他對主人家說：「我在您家垃圾堆裡發現了這輛玩具車，您介意我把它拿走嗎？我想我可以修好它，能夠送我兒子這樣一件玩具，我會感到非常開心的。」

主人家自然答應，並且因為做了善事而滿心歡喜。那種**愉悅的交流氛圍**對法拉利的影響很深，他明白了即便是請求也可以不卑不亢，明白了給予本身也是一件讓人愉悅的事。

當一個人能夠克服心底的卑怯和恐懼**主動開口，他就有了五〇%成功的機率**。

2. 一個人可以只靠自己成功嗎？不可能。

洛杉磯前副市長陳瑜在《寫給姊妹們的真心話》裡提到了這樣一個有趣的觀察結果——中國的頂尖資優生們進入全球化企業，工作得非常努力，卻常常止步在很初級的職位，從「書蟲」到「工蜂」之後，就再也無法繼續蛻變。

成功的人越來越成功，富有的人越來越富有，而富人擁有的最大的力量，正是他們的社交圈。在前段時間熱播的電視劇《歡樂頌》中，海外歸國的高階主管安迪、富二代曲筱綃，以及安迪的男友家族企業繼承人包奕凡之間，交換的不僅是友誼，還有商機和經驗，而擁有一個小工廠的王柏川也因為順利的搭上了這條線，才得到推開那扇門的機會，得到更多的生意。

這並不是在說默默咬牙拚命就是無效的，想要接近高一個層次的圈子，提升自己是必經之路。但人生是分段函數，任何一種努力方式都是有極限的，到了那個極限之後，邊際收益就會不斷減少，必須要用新的模式去做新的練習。

這意味著一個並不太容易的轉型：你需要從單打獨鬥，學會如何借力和給予。

3. 買了那麼多溝通學的書，為什麼還學不會說話？

有次跟一個女孩聊天，她說起自己的糾結。有時候非常討厭內向寡言的自己，但是被評價「擅長社交」、「會做人」時也不會很開心，感覺好像是在說自己拍馬屁和不務正業。這兩種聲音在心底不斷交戰，以至於每每在關鍵時刻，自己明知道應該怎麼做，卻一句話也說不出口。

不善於交際的人，真的是缺乏交際的技巧？或許對其中一部分人來說確實如此，但對另一些人，卻是因為他們打心眼裡反感被貼上「會說話」、「善交際」的標籤。這也就是為何在很多時候，有關「交際能力」的問題並不能透過學習如何說話、如何稱讚別人等實用書來解決。

在提高交際能力上，我們最大的障礙其實是「交際價值觀」的問題。真正讓你更好的理解社交的東西，其實與厚黑學、成功學無關，而是你如何看待朋友，如何看待自己，以及自己與這個世界建立聯繫的方式。承認自己是帶著目的去社交的，這並不可恥，相反的，它會讓我們更清楚**要付出什麼樣的精力才能保持穩定的關係，要給予對方何種幫助和資源才能維持交往的平衡。**

任何一段關係都是需要經營的，光走心還不夠，有時候也需要走走腦子才行。

05 不會借力的勤奮不叫獨立，只是浪費時間

成功，是別人為你做了什麼，而不是你做了什麼。

跟熟識的一個小學妹約吃飯，講起工作的事，她委屈得差點哭出來。她接手了一個重要的專案，連續一個月每天晚上加班到九點，從設計、策劃到跟客戶溝通，就連做個H5（HTML5）宣傳頁都是她自己臨時報名去學才搞定的。可是老闆非但不領情，還當眾指責她進度慢，一個多月的心血泡湯了不說，專案也被另一位同事接手。

她氣到吐血，又不敢跟老闆發火，跑來跟我吐槽：「對，我承認我做得慢，可是那麼多東西要從頭開始，我哪一項不是親力親為？換了人之後那女孩倒好，每天啥也不用做到處閒聊，很多東西都是別人幫她做的，她得意什麼？」

「那她能找幫手，妳怎麼不找？」我問。

她說：「可是我不想讓老闆覺得我什麼都不會、什麼都得靠別人啊。」

「但是從老闆的角度，按時完成進度才是最重要的，不是嗎？」我又問。

她沉默了一會兒，嘆口氣說：「可是我真的已經很努力了。」

想起這樣一個小故事：

一個小孩子在搬一塊大石頭，父親在旁邊鼓勵：「孩子，只要你全力以赴，就一定能把它搬起來！」

可是石頭還是太重了，小孩子試了很多種方法還是都沒有成功，他說：「我已經盡全力了！」

而那位父親回答：「**你並沒有真的竭盡全力，因為我就在你旁邊，而你都沒有請求我的幫助**。」

我太理解小學妹那種「寧願自己累死，也不願意求助別人」的彆扭心態。我剛工作時，連一個 Excel 公式都要自己去翻老半天的書，即便公司裡最會用 Excel 的高手離我只有三步之隔。那時候時間不值錢，即便每天加班到很晚，也會沾沾自喜的覺得自己收穫了很多。

帶我的師父老梁對我這個習慣嗤之以鼻，諷刺我：「將來如果妳家燈泡壞了，難道妳還要先學習一遍大學的物理再自己動手？」

「那不一樣，我這叫獨立，叫自食其力。」我不服氣。

「有什麼不一樣？**不會借力的勤奮，只是浪費時間而已**。」

我真正明白他這句話，卻是在自己獨立帶了專案之後。

跟客戶確認，給老闆做計畫ABC、跟策劃溝通、追著設計出圖、時不時還得去協力廠商供應商那裡盯進度，就算每週七天，天天二十四小時無休，也無法趕上專案的進度。不得不厚著臉皮跑去向多個部門的人求助。也是在那個時候我才發現，**我折騰了好幾個小**

時的PPT不如策劃部姊姊隨手設計的一個範本，而我自認為很嚴謹的資料分析，市場部的總監在自己的資料庫裡一查就找出了問題。

所謂「術業有專攻」，每個人的專長都是經過多年的積累和反覆的練習獲得的，並不是我臨時抱佛腳，僅憑著一腔「我能學」的熱血就能快速追平的。當我忐忑的交代最終的方案是多個部門協調之後的成果時，並沒有像想像中的那樣被斥責，老闆反而很驚喜：「看不出來，妳到職不久，調配資源的能力還不錯。」

「你不會覺得我很無能，什麼都要找別人？」

「怎麼會？」他哈哈大笑，「公司有那麼多專業人才，就是來做那些專業內容的，那幫人就在那兒坐著，能用得了他們，也是妳的本事。我不希望妳做個各方面都『差不多』的人，把最拿手的一點做到最好，就足夠了。」

生活中有很多事，不是不能做，而是不必做。傑克・屈特（Jack Trout）在《定位》（*Positioning：The Battle for Your Mind*）中的評價一針見血：

有些人永遠長不大，他們力爭獲得獨立的成功，來證明自己的聰明和能幹，用「我能自己做」來撫平自己內心的不安，彷彿對他人的依靠越少，就越能證明自己是真正成功的人。

成功，是別人為你做了什麼，而不是你做了什麼。遺憾的是，很多人在實踐這一點時常常陷入兩個極端。要麼凡事親力親為，累死也不願意求助；要麼隨便就向別人開口，但從不回報他人的善意和援手，甚至過河拆橋。有位讀者給我講了這樣一件事：

她跟宿舍的一個女孩一起做畢業設計，為了提高效率，兩人約好分頭查資料，然後每晚碰頭匯總。可是幾天下來，幾乎每次都是她一個人在說，等到那個女孩運筆如飛的記完，輪到自己時卻總是以各種藉口推脫。

她來跟我吐槽，說：「既然她不願意跟我分享，那我查到的資料也不給她。我正在重新找一起做畢業設計的搭檔，就算是從頭開始我也認了。」

我逗她：「妳可以給這位室友講講博弈論。」

她們的相處模式，像極了博弈論中那個著名的囚徒困境實驗：

假設你和你的同夥都已經被警方囚禁起來，而且正面臨一項重罪控訴。檢方對你們倆分頭進行審訊，對於你們來講，每個人都有兩種選擇：背叛對方，或者保持沉默。

這個看起來很簡單的規則，會因為兩個人選擇的碰撞而產生四種結果：

- 兩人都沉默：各判兩年。
- 你沉默，他背叛：你判四年，他判一年。
- 他沉默，你背叛：他判四年，你判一年。
- 兩人互相背叛：各判三年。

對於妳來說，最有利的選擇是第三項，對於她來講，是正好相反的第二項。如果妳們之中有任何一方不幸短視，就會直奔最有利自己的結果而去，就像這位讀者的室友，不付出，只收穫。在這種情況下被忽略的一點是：人際關係是連續的互動博弈。妳的同夥也不是傻子，即便第一回合妳占得了便宜，她也會在第二回合選擇不合作，而最後的結果是妳們互相揭發，兩人都面臨次壞的結果，即三年的刑期。

想要得到最好的結果，其實也很簡單，遏制住自己的那點自私，老實的選擇合作。妳若不幸遇到「想背叛」的隊友，不妨把這個實驗講給她聽，告訴她：「妳怎麼做，我就怎麼做，共同受益或是兩敗俱傷，由妳選擇。」

很喜歡雜誌主編吳伯凡的那句話：

只懂獨立的人，跟只懂依賴的人一樣，都是心智不成熟的表現。

最好的關係是 Inter-dependent（相互依存），我需要你，但不依賴你，我們在保持各自獨立的前提下選擇合作。要有實力，也要會合作。

06 如果當個「有趣的人」很累……

太在意別人眼中的真實，你是在為自己的主觀感受而戰。你是誰是你的事。別人從你身上看到什麼，是別人的事。

一個小姑娘加我微信聊天，開口便極力誇捧，假裝不經意的問我：「姊姊，我覺得妳很厲害，妳都寫了四本書了，生活一定挺孤單的吧？妳是不是也沒朋友啊？」

我瞟見那句話裡被小心翼翼藏著的「也」，反問她：「那妳覺得我應該沒朋友嗎？」

「當然了。」她秒回，「我還在學校裡這種感覺都特別明顯，更別說妳在職場了，職場險惡，妳肯定更不好混吧？」

一半是為了傾訴，一半是為了安慰我，她給我講了自己的事。

她是個標準的學霸女孩，上到大三還是每天教室、圖書館兩邊跑，成績一路領先，各類證照拿到手軟。她跟室友的關係不錯，但也僅止於出門打個招呼，進門問聲好這樣禮貌的客套，至於那種更深一層的親密感，好像從來都與她無關。

室友會湊在一起看韓劇嘻嘻哈哈、一起去商店街挑選衣服、為蹺課去聽演唱會密謀到深夜，有說不完的話，可唯獨對著她，問完「吃飽了嗎？」氣氛就會陷入微妙的尷尬。就像漂浮在水面的一滴油，遠遠看上去油和水不分彼此，可唯有當事人才能感覺到自己有多格格不入。

當然，也不是沒有例外時，每次大考小考都是她最受歡迎的時刻，一會兒A求借筆記，一會兒B纏著她解題，一會兒C可憐巴巴的懇求：「考試時能幫忙露個選擇題答案嗎？讓我及格就行」。

那短短的幾天，是她人際關係的高光時刻（按：顛峰時刻），她們每個人都像是圍繞她這個燈塔飛舞的蛾，可是一旦考試結束，燈塔也就成了燃盡的蠟燭，她們又不動聲色的回歸禮貌的疏離，留給她的，只有一句：「謝謝妳啊。」

可是誰需要謝謝啊，她只想要友誼。那種看到有趣的節目會隨口分享給妳的熱絡；那種會主動去挽妳的胳膊一起上廁所的親密；是那種把妳當成自己人，會和妳分享很多小心事的互動，而不僅是遇到解不了的題，才把她當作一臺升級版的步步高點讀機（按：為一種學習機，主要針對兒童學習英語使用）。

她為這件事偷偷哭了好幾次，有幾次發狠想著：「下一次再也不幫她們了。」可當下一次來臨時，她還是不忍心。畢竟，那也不是她們的錯啊。最初時，她們也是邀請過她的。可是她總是要看書、總是在做題目、總是沒空，她們習以為常，才逐漸不再邀約。

「可……還是覺得很難過，她們之所以還把我當朋友，不就是為了考試之前要我幫忙嗎？這就是我在她們眼中唯一的價值嗎？」她問，「我只不過想要變得更厲害一點啊，就活該沒朋友嗎？」

我很能理解她的這種感覺，雖然我是隱姓埋名的寫作，身邊的同事和朋友大都對此毫不知情，牽扯不上什麼羨慕嫉妒恨，可是在很多時刻，我還是能感覺到時間這道「二選一難題」的殘酷。

每天的時間就只有那麼多，逛了街就看不了書，聊了天就沒時間寫文章，別人喝著咖啡嘻嘻哈哈的聊八卦，我坐在一邊大腦拋錨反覆想著編輯給的修改意見。週末的聚會能推則推、下午茶時間的閒聊能躲則躲，雖然與高傲無關，但看在別人眼裡，總歸是有些「生人勿近」的冷漠與疏遠。

然後就……與他人自然的漸行漸遠了，除了偶爾會找我幫忙：能幫我看一下這個怎麼做嗎？能幫我翻譯一下這封郵件嗎？好像，的確也沒有什麼太私密的交情。所以我特別理解她的難過。

不是不被喜歡，只是當喜歡跟有用掛了鉤，多少都會有些遺憾。也很**羨慕那些被誇「性格好」、「真有趣」的女孩子。彷彿她們是因為可愛而被愛，而我卻單單只是因為「有用」，才有了利用價值**。可是仔細想想，「有用」真的是一件那麼糟糕的事情嗎？

雖然聽起來好像很功利，但那對於妳來講，不也正是妳苦苦追尋的自我價值？在有用和被用中，她們得到了自己想要的東西，妳也收穫了付出的滿足，又不必搭進去額外的精力，不也是兩全其美嗎？退一萬步說，那些可愛的女孩子不也是因為她們可愛，能逗人開心，才得到愛的嗎？

只有不夠成熟的人才會追求無條件、無理由的愛，長大之後的我們都知道，哪怕是偏愛，也都是有原因的。而有用，不過是其中的一種，與有趣、可愛，並沒有高下之分。

大大方方的厲害起來吧。人之所以會斤斤計較，其實往往是因為自己擁有的東西還不夠多，當你真的成為一個很厲害的人時，你大概就不會在乎那喜歡到底是不是利用偽裝的示好了吧。我很喜歡心理咨詢師李松蔚寫的那段話：

> 我們經常陷入的一個迷思是，把對人有用這件事看得太重，約等於「我是誰」。把「有用」看得太複雜、太生死攸關了，就變成隨時都在追求自己對別人有用，最好是時時刻刻都有用。被用時感覺良好，派不上用場就一無是處。就難免疑惑：「我這麼厲害，為什麼他們不親近？要怎麼向他們證明自己？」
>
> 太在意別人眼中的真實，你是在為自己的主觀感受而戰。你是誰是你的事。別人從你身上看到什麼，是別人的事。

你在別人眼中有多親近，可能就取決於你有多接受這一層現實。

07 因為不在意，才不會受傷害

在意的人都會怕。怕被拒絕、怕會失敗、怕尷尬和羞恥。沒人能保證一定贏，但若能輸得清醒一點，才不枉費痛苦這一回。

朋友來西安玩，我陪她去著名的回民巷。那是一條長長的小吃街，她第一次來西北的城市，看見每個小攤都挪不開眼。回民街上大多數零食小店都提供試吃，她來者不拒，笑盈盈的逐一吃過去。有的店裡沒有擺試吃品，她還會要求老闆：這個能給我嘗一點嗎？

她吃得開心，我陪得提心吊膽，恨不得把她一雙手一張嘴封印起來，勸了她好幾次：「人家不放就是沒有，妳怎麼能向人家要東西，萬一別人不給呢？」

「不給就不給，不給我就去下一家。」她若無其事的笑笑，毫不在意的樣子。

「妳……就一點都不覺得丟臉？」我問。

她一聳肩：「這有什麼好丟臉的？人家就算不肯給，也不單單是針對我。」

「可是妳也被拒絕了啊。」我不死心的追問。

「那又怎樣？我就問一下也沒什麼損失嘛，他們又不會來打我。」她大剌剌的笑著，背著那個明黃色的小挎包在人群裡快樂的來回穿梭。

我硬著頭皮跟上，一邊自作多情的替她尷尬，一邊卻非常羨慕她的灑脫。她一定不像我，總是如臨大敵般警覺著所有的來者不善。明明道理都懂，卻還是忍不住多想。

對於競爭激烈的商鋪來講，比起顧客帶來的流量，一小塊柿餅、一粒棗、一顆糖、一口湯壓根算不上什麼，可是只要人家的神色有一絲不悅，我腦子裡就會蹦出一長串負面的聯想：他是不是嫌棄我只吃不買？他是不是覺得我故意占他便宜？萬一他罵我怎麼辦？我要還擊嗎？我該怎麼還擊？

當人家露出為難的神色跟我說「對不起啊，我們這個不提供試吃」時，我更是恨不得找個地洞鑽進去，覺得自己就是那個給別人找麻煩的壞蛋。可她卻不是，她能坦然的跟店鋪老闆討論小吃的味道，從容的開口討要，被拒絕也毫不在意。

她從不曾以惡意的角度來揣度他人，哪怕偶爾有人的態度不好，她也覺得沒什麼。心理學上有這樣一個理論：

別人之所以能往你心裡掛東西，那是因為你先有了鉤。

越是怕惡意，就越是過度放大惡意，越是想被認可，就越是在意反對的聲音。而她不是的，她的心裡是平整的一片。也正是因為不在意，才從不會被傷害。

國中時，我喜歡班裡的一個男孩。暗戀了大半個學期時被當時的閨密察覺，她興致勃勃的慫恿我表白。我以絕交來威脅她幫我保守祕密，理由也挺老生常談的——他要是不知道，我們就還能做朋友，萬一他不答應，就連朋友也沒得做了。

還有沒說出口那更重要的一層原因——大家同在一個班，如果他拒絕了我，我今後要怎麼面對他？我又要如何面對我自己呢？一個不自量力的失敗者嗎？我至今仍記得那忐忑背後隱祕的**羞恥感，為了躲開它，我眼睜睜的看著自己離想要的東西越來越遠**。

後來的故事很狗血，等我們都大學畢業，他在同學聚會上半開玩笑半認真的說：「其實我當年真的挺喜歡妳的，但妳總是冷冰冰的，為什麼妳對別人都好，一看到我就露出那種臉色？妳到底是有多討厭我？」

我也只能笑笑：「誰叫你總是不交作業，每次都害我被老師念。」

嘴硬歸嘴硬，心裡卻已經難過得快哭出來了。他才不懂呢，那根本不是討厭，那是怕。因為太怕被拒絕，所以提前拒絕了自己。新世相（按：中國新媒體公司）的張偉曾經寫過這樣一句話：

> 因為害怕而拒絕世界是最痛苦的一種，它讓人一邊後悔一邊害怕，這種痛苦更長久、更具有破壞性，你被動的被它鉗制住，只要你不去觸碰它，它就永遠存在。

我推薦過很多次的美劇《這就是我們》（*This is us*）中有這樣的一個情節：

天生有一副好嗓子的凱特在未婚夫的鼓勵下決定去參加一場歌唱比賽，可是走到半路自卑心理忽然發作。她打了退堂鼓，跑到自助餐廳裡大吃了一頓，吃完才覺得不甘心，又掉頭回去比賽現場。但比賽已經結束了，在凱特的懇求下，主辦方還是同意給她一個清唱的機會，她才唱了兩句，評委就不耐煩的對她揮了揮手：「妳可以走了。」

她不服，對主辦方嚷嚷：「你們這是歧視，你們不能因為我長成這個樣子（她的體重嚴重超標）就看不起我，你們這樣是不對的。」

很勵志吧？可下一秒就被打臉了。

「妳以為我要妳下去是因為身材？」評委招了招手，一個身材纖細的漂亮女孩走上臺，同一首歌、同樣沒準備、同樣是清唱，無論是嗓音還是技巧都完勝凱特。

她還是輸了啊。可是這一次，她是輸給了別人的實力，而不是輸給自己的心魔。如果她偷偷退賽，如果她沒說出那一句質問，她大概永遠都會像從前那樣，將自己的失敗歸咎於肥胖，一邊自慚形穢一邊裹足不前。多慶幸她邁出了那一步。

所有的得不到都是痛苦的，唯一的區別只在於痛苦的具體程度，痛苦越具體，你就越清醒，你會明確的知道自己失去了什麼，為什麼失去？只有這樣的痛苦才能讓人成長，讓你獲得抵禦痛苦的力量。

每個人都會怕。怕被拒絕、怕會失敗、怕藏在失敗背後的尷尬和羞恥。沒有人能保證你這次就一定會贏，但哪怕贏不了，能輸得清醒一點，才不枉費痛苦這一回。

08 別在心裡設了高期待，然後要人猜

有時候自己深陷於糾結和痛苦之中，其實正是因為他們對自己、對他人乃至對世界的期望與現實是失衡的。

你或許也曾經為類似的問題煩惱：我把A當作最好的朋友，她卻最喜歡B，還要不要繼續跟她當好朋友？男朋友對我不錯，但總是不太上進，還要不要交往下去？老闆為人嚴苛，在他手下工作雖然成長很快但壓力很大，要不要跳槽？

既沒有非常滿意，又沒有完全失望，類似的糾結與其說是來自問題本身，不如說是來自現實與我們的期望之間的落差。當有人辜負我們的期望時，失落便油然而生，甚至會演變成對他人的厭惡以及自我懷疑。**「期望」作為一個主觀因素，在關係中的作用卻常常會大於客觀事實**，今天我們就來聊聊有關期望值管理的問題。

什麼是期望值？期望值指的是一個人對自己、對他人，甚至是對世界的預期。自己是否應該考滿分？朋友之間應該如何相處？別人應該如何對待你？這世界是真善美還是醜惡骯髒？一個人持有的預期可能來自家庭，比如你小時候父母總是把你照顧得無微不至，你對親密關係可能就會抱有一種「愛我就要照顧我」的依戀，或者你的父母總說你沒出息，你

對自我價值的預期就很可能會比旁人稍低。

預期也可能來自後天的經歷，一個女孩連續三次遇人不淑，就會認為全世界的男人都不值得相信；一個人若連續幾次都考滿分，自然就會期待在下一次考試中取得好成績。

預期的形成是一個漫長而隱祕的過程，因此，有時我們並不能明確的感受到它的存在。但很多人沒有意識到的是，**有時候自己深陷於糾結和痛苦之中，其實正是因為他們對自己、對他人乃至對世界的期望與現實是失衡的**，所以才會一直感到失望或吃力。有個讀者曾經給我留言，講起友情三人行的故事。

她把室友A當作最好的朋友，甚至到了掏心掏肺的地步，可A心目中最好的朋友卻是另一個女孩B。無論是吃飯還是出去玩，都是她拉著A，A拉著B。A對她也很好，三個人一起出行時也從未冷落過她，可她總是覺得莫名的委屈，甚至想要放棄這段友誼。

她對友誼的期望是排他性的，像是拼圖，只有唯一的一塊可以相配。但現實中的友誼往往更像是積木，跟不同的人，就能組成不同的造型。這樣獨占性的期望遇到開放性的現實，自然會讓人反覆的陷入失望。但這不是關係本身的錯，即便她放棄這一段關係，也很難如自己所願遇到那種「眼裡只有你」的友誼。

她需要做的不是打壓B或是討好A，而是去調整自己對友誼的預期。我們不必要成為彼此唯一的朋友，而這也不會影響我們之間的感情。管理你的期望值。

一個女孩跟我吐槽男朋友，她舉出如下例子證明他不愛她：

她出差回來，他打電話問她要不要去接，她賢慧的假裝客氣：「你這幾天加班也辛苦了，我自己回去就行。」男朋友便從善如流，下班果然直接回了家；她過敏長痘，整個臉又紅又腫，幽怨的問他：「你有沒有覺得我這樣很醜。」男朋友頭也不抬的回答：「我愛妳又不是因為外貌。」情人節辦公室裡其他同事都收到花，她也想要，百般暗示之後男朋友卻依然沒有意會，她滿腔憤懣藉故發火，而他大呼委屈，說出一句：「妳明明說過妳不喜歡花。」

她說：「他要是真的愛我，就應該懂得我的想法，哪怕是我沒說出口，或者故意說了反話。」

我咋舌：「哪有那樣的男朋友？那是妳肚子裡的蛔蟲。」

她一臉幽怨：「可是我前男友就能啊，為什麼都是男人，他就這麼不懂我？」

我理解她的失望，可是總把個例當作必然，失落與痛苦就會在所難免。每個人在成長的過程中，都一定會有被滿足的時刻，但那並不代表著永恆，也不能成為正確的標準，只是在那一瞬間，你足夠幸運。你需要學會對自己的預期進行初步的判斷：

- **我是如何表達自己的期望的？是暗示還是直接說明？**
- 我的期望讓我更幸福了，還是讓我更加煩惱？
- 有什麼客觀標準可以衡量我的期望？
- 為了滿足這樣的期望，我自己需要付出哪些努力？
- 當期望不被滿足時，關係還能不能繼續？

正如這世上沒有完美的人一樣，也從來不曾存在完美的關係。萬幸的是，我們對關係的預期往往是多面的，因此也就有了取捨的餘地。比如你可能既希望能在工作中快速成長，又希望老闆能夠和顏悅色，不要給你太大壓力。但這兩種情況很少能夠同時存在，因此你必須做出判斷，對你而言，是成長更重要，還是心情更重要？

而這個問題的答案則因人而異，對於有的人來講，情緒上的損耗是無法用成就感來彌補的，但對於另外一些人來講，只要能不斷提高自己的能力，情緒上的彆扭都是小 case。你需要學會給自己的預期排序，每個人在每一段關係中都需要做出一定的讓步，而你需要弄清楚自己可以讓步的地方在哪裡。

如果你也正在被關係困擾著，不要讓自己的思維陷入湊合還是放棄二選其一的境地，停下來想一想，你對那些讓人煩惱的事情都抱有哪些預期？那些預期是否合理？你願意在哪裡讓步或者妥協？

一個人除了向左和向右，還可以向前。堅守底線的同時，請去嘗試更多的可能。

09 成為一個讓人覺得舒服的人

打開他人心門的第一步並不是你有多好、多優秀。人生在世，一開始比的是聰明，後來比的卻是適應力。

如果說有什麼「靈藥」能解決人生活中的一切問題，它的名字一定叫「成為更優秀的自己」。無論是熱傳的雞湯帖還是實用文，都在不厭其煩的告訴我們同一個道理。

- 如何得到更高品質的愛情？變優秀。
- 要怎樣加入比自己高一個層次的圈子？使自己優秀。
- 職場上遇到瓶頸時怎麼突破？你得非常優秀。

而「如何成為一個優秀的人」則成為了我們最大的焦慮之一，我們學習化妝、積極健身、堅持閱讀，對參加各種付費課程趨之若鶩，盡最大的努力緩解自己不夠優秀的焦慮。可是你所追求的優秀，真的有讓生活變得更美好？有時並不見得。我會想起這個話題，是因為一個小姑娘：

她剛從一場週末英語雜誌活動回來，沮喪得連吃晚飯都沒了興致，在微信上跟我吐苦水：「以後我再也不會去這種場合了，明明這麼菜還去班門弄斧，我寧可在家背整本『紅寶書』。」

我以為她受了天大的委屈，一問之下，原來只是因為她在臺上緊張兮兮的念著精心準備的演講稿，下面卻有好幾個人在低頭玩手機。她正鬱悶之時，一個女孩推門進來吸引了所有人的注意力，那個女孩是雜誌的創始人之一，剛從英國留學回來，一開口那標準的倫敦腔，成了壓垮她的最後一根稻草。她感到又嫉妒、又窘迫、又失落，對自己無比失望，以至於連招呼都沒打，就借著上廁所的機會偷偷溜了回去。

她跟我抱怨：「本以為陌生人之間就沒那麼勢利，結果還是一樣，層次不同不能強融，與其出去受氣，還不如我在家自己背單字呢。」

我問：「為什麼別人可以誠心誠意的歡迎大神歸來，而妳不行？向更好的人學習難道不是變優秀最快的途徑？」

她說：「道理是這樣，可是被碾壓的感覺真的糟透了，我決定以後每天都自己練習，等我也成了大神，看誰還會小看我。」

我又問：「所以妳所追求的優秀，就是風光和面子？被仰望，被追捧？」

「不全是吧。」她說，「也想被看見、被喜歡，想跟別人平等的交往。」

可是從頭到尾，那個更優秀的人並沒有鄙視過妳啊。看不起妳的，只是妳自己而已。阻礙妳靠近的並不是妳不夠優秀的事實，而是妳的清高、敏感和死要面子。我們對「優秀」總有這樣一種奇怪的認知，彷彿只要能得到優秀兩字的加持，立刻就能自帶一層護體光圈，變得人見人愛、花見花開，一切關係中的難題都會迎刃而解。

常常聽到這樣的話：「男神不喜歡我，可能是我還不夠好吧。」、「我要變得更優秀一點，才有資格跟大神做朋友。」

發現了嗎？每當我們談起優秀，總是會把它當成一項個人技能，可是你永遠無法透過單方面技能的提升，來解決兩個人，甚至多個人之間的關係問題。

通往優秀的道路有兩條，一條越走越寬，在開闊眼界的同時變得更加寬容，同理心更強，更能夠體察關係中對方的意願和需求。另一條卻是越走越窄，埋首「高精尖」的螺螄殼裡不肯抬頭，專業知識越精進，個人能力越強，能理解的人就越少，就會變得越來越偏狹，也越來越難以適應他人。

《創意黏力學》（*Made to Stick：Why Some Ideas Survive and Others Die*）中提到了一個很有趣的概念，叫做「知識的詛咒」。簡單來講，就是當你一旦學會了一樣東西或掌握了一樣資訊，你就很難想像這件事在未知者眼中的樣子，導致你被自己的所知所能綁架。

個人知識不斷精進，社交能力卻在不斷退化，只能憑藉著自己的優秀要求別人妥協，卻早已失去了維護關係的能力。因為我優秀，所以你得愛我。因為我優秀，所以周圍的所有人都要迎合。一路在自我精進的途中高歌猛進，卻忘卻了一個事實：新歡也好，舊友也罷，**打開心門的第一步並不是「你有多好」**，而是「你讓別人覺得有多舒服」。

我們會因為一個人的優秀而讚嘆羨慕，卻總是因為兩人之間的相處令人感到舒適才心生歡喜。這並不是說個人能力上的優秀就無足輕重，但那絕不是全部。正確的途徑應該是：因為讓人感到舒適而得到建立關係的機會，然後再依靠自己的不斷提升，來維持和推進關係的發展。

這本是兩個循環互補的過程，卻因為我們自己臉皮薄、愛面子，演化出了「層次不同，不需強融」的空洞口號。

我的一個高中同學是個十足的文藝青年，畢業後工作了兩年就辭職回家，一心死磕長篇小說。他有才華，也很勤奮，才寫了不到三十萬字，就已經接到了兩、三家出版社的邀約。但他的才華也成了他致命的弱點，對於出版社提出的修改意見，他不是嗤之以鼻，就是怒髮衝冠，聲稱自己的稿子一個字也不能改，跟好幾位編輯都談得不歡而散。

我們苦口婆心的勸過幾次，他卻不以為意：「現在談不成不要緊，等我成名了，他們還不是得回來跪舔我？這些人，本來就攀高踩低。」

可是幾年過去，他的寫作水準並沒有提高多少，沒有來自市場的回饋、沒有良師益友的建議，同學聚會時卻還是那副潦倒又清高的模樣，死咬著「等我成名」的執念不肯讓步。我跟幾個好友感慨起他的際遇，其中一位朋友的評價讓我記憶猶新：

人生在世，一開始比的是聰明，後來比的卻是適應力。

一個人的思想有多開放，**能不能接受新知、能不能從不同的意見裡獲益，才是決定他**

最終能走到多遠的東西。聰明是一種天賦，適應力卻是一種社會能力，它需要現實的洗禮和磨煉，而不是螺螄殼裡做道場般的狹僻與自閉。沒有適應力的聰明和才華，一文不值。而這或許才是「優秀」最重要的內涵：

你是誰很重要，但更重要的，是你如何理解世界，如何看待關係。

別總因為自己「不夠優秀」而固步自封。你還有靠近的欲望、還有求知的赤誠、還有改變自己的能力和勇氣。那亦是無比寶貴的財富。以人為鏡，才能看清自己。

10 你只需要接住對方的情緒

你以為你需要解決眼前的事情，但其實你真正的難題，是事實背後的情理。

在地鐵上聽到一對小情侶吵架，吵架的內容特別有意思。

女孩歷數一遍辦公室的誰收到了花、誰收到了口紅和新大衣，半是抱怨半是嬌嗔：「你看你，從來都不主動買禮物給我。」

男孩立刻表現出極強的求生欲：「妳想要什麼？我明天就去買。」

女孩「嘁」了一聲：「你一點也不關心我，每次都是這樣，一定要等我要你才買，真沒誠意。」

「妳要什麼我送什麼，這才叫實用。」男孩一梗脖子（按：向上挺直脖子），擺出個很無奈的表情，「再說了，這幾年我東西也沒少送，上個月不是才花了大半個月的薪水買了大衣給妳，妳還想要我怎麼樣？別一天淨想些有的沒的，不是白給自己增添煩悶嗎？累不累？」

我眼看著女孩的眼神從溫柔點點變成寒光厲厲，本想繼續八卦下去，卻發現自己已經坐過了站，只好一邊依依不捨的撤退，一邊默默祝福那位耿直的壯士。應該是免不了大吵一架吧，兩個人誰也說服不了誰。一個死磕事實，一個計較情緒。

我記得剛工作時，有次跟一位前輩出差跑專案。跟我們對接的也是個挺年輕的女孩，大概是剛被老闆罵過心情不好，在碰頭會上把一腔邪火全都倒了給我們，處處拿捏挑刺。我那時也年輕氣盛，平白看了一通臉色又生氣又委屈，剛出大門就跟前輩叨叨：「明明就是她不講理，為什麼還要順著她，不懟回去？」

「妳沒看那姑娘今兒心情不好？」前輩頭也不抬，「能讓一步就讓一步，又不是什麼大事。」

「但這也太不專業了吧，把個人的情緒帶到工作上，還胡攪蠻纏無事生非，也太過分了吧。」

「對啊，但跟妳打交道的就是這麼個不專業的人。」前輩回了我一個高深莫測的微笑，「妳難道也能不管不顧，陪她一起不專業下去？」

有時候你以為你需要解決的是眼前的事情，但其實你真正的難題，是事實背後的情理。羅振宇在過去的語音中聊到社會化，他說：

> 社會化就是把人的認知基礎，從事實切換到情理。

你要處理的事實不是本來的事實，而是人心中的、情理中的事實，這就是社會化帶來的人生挑戰。她把情緒帶入工作的確有錯，我們大可以報以黑臉，還以氣勢洶洶和寸步不讓，甚至還可以直接捅到對方的老闆那裡給她施加壓力。**只關注事實，或許也能解決眼前的問題，卻會不可逆轉的傷害彼此的關係**。

美國的談判專家道格拉斯．斯通（Douglas Stone）在《高難度談話》（*Difficult Conversations: How to Discuss What Matters Most*）中，將每一段陷入瓶頸的對話都拆分成了三個層次：

1. 第一層，是事實。

我有沒有給你送禮物？你當時到底是怎樣說的，是你的錯還是我的錯？

2. 第二層，是情緒。

受傷、遺憾、憤怒，你抱起手臂的防禦姿態，你眉間眼底的不耐煩。

3. 第三層，是自我認知。

你讓我覺得我是個很糟糕的人，所有的衝突都成了自我攻擊。

舉個例子，你跟主管提加薪升職被拒絕了，你的第一個感覺一定是「不公平」，你會歷數自己的功勞和辛苦，講道理列資料來跟對方爭執。然後你會覺得「委屈」，因為自己的業績沒有被看到，從而生出憤恨和悲傷交織的複雜情緒。最後你會覺得「人間不值得」，好像主管否定的並不是你這一年的努力，而是你這個人。你以為自己能幹、強大又優秀，對自己的美好期望，因老闆的一句拒絕「嘩啦」一聲碎了一地。

這就是為什麼聰明的領導者並不會在事實這一層面上跟你死磕，比較誰做得多誰做得少，誰是對的誰是錯的。他只要在拒絕你時補上一句無關痛癢的解釋：「你今年的成績我都看在眼裡，這次加薪（升職）的名額沒給你我也特別過意不去，我肯定幫你多留意，下次一有機會就幫你爭取。」

從資訊層面來看，**這是一句說了跟沒說一樣的話，但收效卻往往驚人**。它不能改變任何事實，卻能改善你的情緒，阻止你的自我攻擊。我上基礎心理學課時，聽老師講過他曾經接觸過的一個真實案例。

一個男生來找她做心理諮詢，就讀名校，且成績總在年級前十名，各種學術競賽拿獎拿到手軟，還被學校選中參加為期一年的公費交換生計畫。可是即便在外人的眼裡這麼優秀，他自己卻十分的沒自信，身上的每一個缺點都會被自己無限放大，就連偶爾早晨賴個床，也要自責好幾天。

他來做心理諮詢時帶著一支錄音筆，回去後每一句話都會掰開揉碎反覆聽好幾遍，每一個建議他都會立刻去嘗試，但也正是這種認真，給了他更多的壓力。跟他說「放鬆點」，他會因為無法放鬆而更加著急，跟他說「不要太在意自己的缺點」，他又會因為控制不了自己的思緒而更加恐懼。

真的很讓人束手無策。我的老師沒招了，有次他又跑來，才剛說了兩句，我的老師就點頭說道：「我知道，你自卑、你焦慮、你沒辦法。」「其實我也沒辦法……。」他還沒來得及說出這句話，男生的眼睛卻亮了。

「其實我也不是完全沒辦法……。」像打開的水龍頭似的，男生開始滔滔不絕的講述自己的嘗試和進步。在之前的諮詢中，他總是像個努力證明自己有病的病人，當老師安慰他說：「你已經夠好了。」時，他的回答永遠是：「不，我覺得自己很糟糕。」

可是當老師接受了他的自卑和焦慮，承認了他的糟糕之後，反而開始想要證明「其實我也還沒那麼差勁」。

其實破局也沒你想像中的那麼難，有時候你需要的，只是接住對方的情緒。事實只有一個，是單一維度的敘述，情緒卻由人心左右，是多個維度的疊加。而一個人成熟的標誌之一，就是理解了真正的解決之道並不是單一維度的橫衝直撞，而是在多維度上建立新的秩序。

4

人心很複雜，你要知道……

人際交往本來就會伴隨著一定的損耗與犧牲，而問題並不在於讓步或者不讓步，而是讓步的頻率和幅度。

01 你所堅持的（做自己），可能是錯的

尋找人際交往的分寸，這個過程本應用一生去完成，我們卻隨便搬出一句「不想討好」便想略過。

一個剛入職半年的姑娘跟我聊天，痛斥公司欺生壓小的作風。細問之下，原來是有天公司臨時出了任務，大家一起加班。到了晚飯時間，她作為部門裡最新、最小的員工，被老闆指派幫大家買飯。十幾個人眾口難調，而她光是跑到每個人面前問人家想吃什麼，就花掉了一個多小時的時間。

她不滿意老闆的安排，臉色自然也就不那麼好看，又因為臉色不好看被老闆指責一番，委屈的找我訴苦：「他們工作我也沒在玩，就因為我是新人，人家做一個小時的工作我得做兩個小時，比他們走得還晚，他們要吃什麼自己不能買嗎？叫個外賣能花幾分鐘啊，憑什麼使喚我打雜。」

我回覆她：「作為新人，妳的工作效率比別人低，讓效率最低的人去幹點雜事這很正常。只是偶爾去買一次的話也沒什麼吧，還能趁機跟大家拉攏一下感情。」

「我才不稀罕他們喜歡我。」她回了我一個絕望的表情，「真的不想討好別人了，沒

意思。」

這句話一點也不陌生，**「不想討好」似乎已經成為了一個人有思想、有性格的官方標籤**。我也很忙啊，憑什麼要我幫你？你想去商場A，我想去超市B，憑什麼我就得遷就你？憑什麼人家開心我就得賠笑？我就是心情不好不行嗎？至於結果？才不怕勒。大不了換個工作、大不了不做朋友、大不了我就一個人。有句話不是說了嗎，我一個人就是千軍萬馬。

我曾經收到過一條讓人哭笑不得的留言：我長相身材一般，也不太會說話總得罪人，但我不想化妝打扮去取悅誰，而且我這人直爽慣了，也不想為了跟人交往委屈自己。我相信我一定能夠遇到懂我、接受我的人，如果遇不到，我就把自己活成一支隊伍。愛怎樣就怎樣，我無所謂，我做我自己。

可是你自己，又是誰呢？是那個帶著無數出廠 bug 的你？是那個明明知道自己不夠好，卻**還拿個性作藉口來逃避修正**的你？**這樣的自己跟自己組隊，怕也是會起內訌的吧**。

人際交往本來就會伴隨著一定的損耗與犧牲，而問題並不在於讓步或者不讓步，而是讓步的頻率和幅度。這個尋找分寸的過程本應用一生去完成，我們卻隨便搬出一句「不想討好」就想要輕飄飄的將其略過。

你需要清楚的知道自己的底線在那裡？明白自己可以讓步的和必須堅守的是什麼？以及讓步和堅守會帶來的所有代價。我們用了很多年，才從唯唯諾諾的世界裡覺醒，卻往往又因為操之過急，腳跟還沒站穩就急忙握住「全世界我誰也不稀罕，誰也不討好」的清寒小刀。

無論是已知的缺點還是未知的盲點，被指正時都會伴隨著難堪的鈍痛。而自我調整如此之難，並不僅是因為如此，我們甚至還需要很多勇氣來承認一個事實——我所堅持的，可能是錯的。這太痛，也太難了，因而反襯出「我一個人也挺好」有種可貴的輕鬆。

我就曾自詡是個喜歡清靜的人，對流行歌手的演唱會一向抱有一種逃避式的鄙夷，覺得它喧鬧、擁擠又浮躁，每當身邊的朋友跟我安利（按：推薦）〇〇〇的演唱會時，我都會以各種藉口推脫。直到有一次實在逃不過被拉著去聽了一場演唱會，看到左手邊的女孩哭了一整晚，右後方的男孩一直聲嘶力竭的叫著同一個女孩的名字，前面的兩個不相識的歌迷感動的相互擁抱。

那一瞬間，我發現自己其實並不討厭演唱會。我一直在逃避甚至是鄙夷的，竟然是我從來都不了解的自己。我們每個人都只了解自己的一小半，而剩下的那一部分，只能透過際遇來發掘。而這些際遇，是來自我們身邊的那些人，那些我們犧牲了一點「我以為」的自我去換來的關係，終究能夠幫我們看到更完整的自己。

我的一個朋友前段時間追土創（按：指中國《創造101》節目，為偶像女團競演養成類真人秀），追的是又帥又酷的 Yami，當她看到 Yami 穿著粉紅色的小裙子嘟嘴扮可愛，在鏡頭前跟其他幾個女孩摟摟抱抱時，心痛得天天都在朋友圈裡痛斥節目組：「憑什麼啊？因為其他人都軟萌甜，就要讓我們 Yami 改變自己去迎合別人。」

可是比起她的痛心疾首，Yami 本人倒是顯得樂在其中，面對鏡頭時雖然也說著：

「這不是我。」但臉上藏不住的，卻還是略帶羞澀的開心。她也覺得自己在迎合，在討好嗎？或許吧。但那笑容裡因為被接納、被喜歡衍生出的幸福，又何嘗不是真的呢？

之前寫問答時，收到過一個女孩的留言，說自己現在的狀態特別矛盾。她剛入學時跟室友關係不好，每天都一個人跑去圖書館看書學習，滿心都是「老娘要證明自己給妳們看」的鬥志和怒氣。可是後來，當她跟室友逐漸解開了誤會，關係漸漸親密起來時，每天雖然變得更加開心，卻也變懶了，有時本來想去看書，卻也會忍不住應小姐妹們的邀請，窩在宿舍跟她們一起看劇。

好懷念過去的那種一心上進的昂揚鬥志啊，卻好喜歡現在這個被喜歡、被需要的自己。聽過那麼多孤獨會成就一個人的話，見過了那麼多優秀又孤獨的人。可是被愛過之後，才會覺得優秀並不是唯一重要的東西。我喜歡新世相裡的那段話：

別在最容易戀愛的日子談你的孤獨。
不要再懷揣著你的脆弱躲在安全窩裡，不要給自己包上厚厚的殼，透過強調自己的孤獨對抗街上正在發生的歡樂。
走出去，看看發生在你身邊的溫暖、熱情和愛。
加入他們，並且找到自己的。

02 一萬句「為你好」，都不如「我在乎」

這或許就是太多家庭不和、好友反目的根源所在，我們花了太多的心思去幫對方「指出一條明路」，卻往往忘記說一句：「因為我在乎。」

小夏打電話來時，怒火足以燒乾半條黃浦江，晚上尖峰地鐵上的喧囂也沒能擋住她中氣十足的吼叫：「真是要氣死我了，真是好心沒好報，燒香惹鬼叫，我算是倒了八輩子的楣了。」

她最好的閨密半年前失戀又失業，一蹶不振的在家裡宅了好幾個月，好不容易找了份文案策劃的工作。做沒幾天，就以「老闆長得像前男友，看見他心裡難受」為由任性裸辭，每天繼續以淚洗面、渾渾噩噩。

「要是她真有富家小姐混吃等死的命，我也就不說什麼了，可是像我們這種外地來的普通姑娘，這個月的吃穿用度全靠上個月的薪資，妳說我看她這樣，能不著急嗎？」

她打電話給小夏時，小夏正在陪客戶吃飯。閨密在電話那頭哭得上氣不接下氣，說房東已經堵了門，這個月再不交房租就要把她掃地出門。小夏自己也沒錢，厚著臉皮向客戶借了兩千元，火速奔往事發現場把錢塞給房東，好說歹說求人家再寬限一個月。

送房東下了樓，小夏才嘆出一口氣，一上去卻發現閨密連地都沒掃就又趴在沙發上嚶嚶垂淚，頓時氣不過來，連環炮似的說了一通：

「不就是個男人嗎？有什麼了不起的，值得妳為他這樣？有點志氣行不行？

「妳哭有什麼用啊？妳馬上就要連吃飯的錢都沒有了，別傻了好不好？

「把眼淚擦擦，趕快找一份工作，我幫得了妳一時，幫不了妳一世啊。」

不知是哪一句戳著了閨密的痛處，她忽然一躍而起，冷著臉將小夏往門外推：「行了、行了，我知道妳看不起我，妳趕快走吧，這兩千元是我跟妳借的，我又不是不還。」

小夏憋著一肚子氣出了大門，兩天沒理她，今早看到朋友圈裡有人轉發了一條徵人消息，應徵資格跟閨密的條件吻合度很高，可是就在轉發給她時，卻發現自己已經被閨密刪除了微信好友。

「妳說我冤不冤？從她失戀以來，我陪她熬了多少夜？她找工作的事情我比她還上心，我是心疼那兩千元嗎？我心疼的是她把生活弄得一團糟，可是她呢？一言不合就把我給刪了，什麼人啊！」

「那妳有告訴她，妳說這些是出自於關心，而不是想干涉她，甚至是嫌棄她嗎？」我問。

她被我問得一愣，說：「這她應該知道啊，我說的話雖然不大好聽，但我都是為她好啊。」

史蒂芬．柯維（Stephen Covey）在《與成功有約》（*The 7 Habits of Highly Effective*

People）裡寫到這樣一句話：

我不管你知道多少，除非我知道你有多在乎。

這或許就是太多家庭不和、好友反目的根源所在，我們花了太多的心思去幫對方「指出一條明路」，卻往往忘記說一句：「因為我在乎。」

我認識的一個男生，他的父母都是老師，從他上高中起，就已經為他規畫好了「穩定安逸」的金光大道：讀財務專科，然後回家鄉的國營企業謀職，既有面子又有鐵飯碗，只要畢業就行，其餘一概由父母打點妥當。

他反抗過，可拗不過父母一貫的強勢。上了大學天高皇帝遠，他每天不是在宿舍玩線上遊戲就是睡覺，第一學年就補考了三門必修課，磕磕碰碰的挨到畢業，卻由於學分不夠，學校不發畢業證書。

沒有畢業證書，國營企業自然是進不去，他在上海創業失敗，想找網際網路行業的工作，也因為學歷不夠被拒之門外，幾番波折之後索性當起了快遞，由於腿腳利索（按：動動靈活敏捷）嘴又甜，一個月倒也有七、八千的收入。

有一年春節回家，餐桌上喝了點酒，他借著酒勁帶著挑釁問道：「我現在幹這行，你們是不是很看不起我？覺得兒子沒能按你們的規畫活，讓你們丟臉了？」

他的父母落了淚：「我們何時求過你榮華富貴、出人頭地？按不按我們的規畫活有什麼關係呢？我們所求的，無非是你能過得好而已。」

他將這件事情講給我和朋友聽時那件事已經過去了很久，可是他聲音裡的哽咽依舊明顯。

「要是他們能早點說出這句話就好了。」我又怎麼會走那麼多彎路？

那是他沒能說出口的潛臺詞。芭芭拉・德・安格利斯（Barbara De Angelis）在《如何在愛中修行》（*How to Make Love All the Time*）一書裡提到了情感地圖的五個層次，它們分別是：

- 憤怒、責備。
- 受傷、失望。
- 恐懼、不安。
- 自責、責任感。
- 愛、理解與原諒。

可是我們太多的溝通，都只走到了第二步：

「妳為了一個男人這樣，妳是不是傻？」

「妳這樣讓我太失望了。」

我們理所當然的認為對方能讀懂我們沒說出口的後三層含義，可是太多的誤解，也正是由此而生。同樣的勸告，走完五個層次的溝通應該是這樣的：

「妳為了一個男人一蹶不振，是不負責任的表現，我對妳很失望，也很害怕妳會一直這樣消沉下去，我很想幫助妳走出這段時光，因為我真的很重視妳，不想失去妳這個好朋友。」

只有表達出完整的情緒，才能讓對方領會到你真實的意圖，有了真實的感受，才能順暢的溝通下去。一萬句「為你好」，也不如「我在乎」。

03 為什麼有點羨慕自己最討厭的人？

我們不僅要選擇自己要得到什麼東西，更重要的選擇是，我們要成為什麼樣的自己。

我有次去某銀行辦事，不巧正趕上某款國債開賣，大廳裡擠滿了來辦業務的大爺、大媽，每個窗口前都排著長長的隊，每個櫃檯都忙得手忙腳亂。我恨不得轉身就走，但無奈匯款單明天就到期，只好耐著性子坐在一邊安慰自己：都來了就等吧，反正總會輪到。

於是我從下午兩點等到快四點，卻還有十幾個人排在我的前面，可是看到每個工作人員都那麼忙，再煩躁也只得重新坐下，就在我一本小說都快要看完時，進來了一個穿紅衣服的女人。

女人跟我搭訕：「妳等多久啦？」

「兩個多小時吧……。」

她倒吸一口氣，露出不可思議的表情，坐了一會兒就起身去找分行經理，我有心想聽她有何妙計，便假裝玩手機，留意聽著他們的對話。

她把嗓音拉高了十八度，尖聲質問：「這隊伍老半天都沒在動，你們效率也太低了吧，行不行啊？」

分行經理給出官方的解釋：「不好意思，今天的業務量真的太大了，我們已經盡量加速了，真是不好意思。」

她胸有成竹的舉起手機：「瞎說，你們那兩個工作人員剛剛聊了好一會呢，我都錄影了，一會兒我就上傳到微博上，讓所有人都看看你們的工作態度。」

我詫異於她是怎樣火眼金睛的在別人連續幾個小時的忙碌中捕捉到那個聊天的瞬間，但分行經理顯然因為這段視訊慌了神，忙不迭的安撫她，一個窗口前的人剛走，她就順利的被塞在了最前頭。最終她只用了半個多小時就凱旋了，而我為了一張五分鐘就能搞定的匯款單，已經傻等了好幾個小時。

她離開時還對我笑了笑，笑容裡頗有一些同情和得意的成分。我恨不得立刻就站起身也如法炮製一番，但最終還是沒能鼓起撕破臉皮的勇氣，只好喪氣的坐下，心裡煩躁之餘更多了些許難過。明明不齒她敲詐勒索的小伎倆，卻又忍不住羨慕她的速戰速決。還有伴隨那羨慕而生的一點隱祕的慚愧——那明明是錯的啊，我怎麼能羨慕？

我的一個朋友畢業之後去了一家私人企業做業務，她很拚，是那種別人一天工作八小時，她工作十六個小時的拚，就連做夢都在想著如何開發新客戶。那年她的年終獎金足足有一萬元，六年前的一萬元，已經足夠她交整整一年的房租。

她為這一萬元開心了好幾週，直到春酒上酒過三巡，大家玩起了真心話大冒險，公司的男老闆噴著酒氣拍拍大腿，半開玩笑半認真的說：「誰敢坐上來，我就給一萬元。」

五個女孩有點尷尬的面面相覷，直到有個女孩站起身，乖覺（按：機警、聰敏）的把大衣脫到一邊，笑盈盈的往男老闆腿上一坐，右手攤開：「獎金呢？」

男老闆揩夠了油，心情大好的直接從包裡掏出一萬元塞在女孩的懷裡，指著剩下的幾個女孩哈哈大笑：「妳們幾個啊，就是沒有梅梅聰明。」

她那晚一路哭回家。原來，她辛苦一整年得來的，居然跟別人輕鬆一坐得到的一樣多。她恨別人的輕佻，也恨自己的清高，甚至還有幾分後悔。不就是坐一下而已？為什麼我就不敢？那些躲在良心背面的東西，像是一個有著神祕力量的黑色天體，妳一邊對它深惡痛絕，一邊又心生羨慕，忍不住想要靠近。同時，這種羨慕又會催生一種微妙的罪惡感，讓妳感到雙倍的不舒服。

妳告訴自己不許羨慕、不要在意，可欲念越是被打壓，反撲就會來得越是氣勢洶洶，這種無力感會讓妳忍不住去想：「我怎麼會羨慕她這種人？我一定是出了什麼問題。好討厭這樣的自己啊。」

為什麼人會忍不住去羨慕，甚至模仿自己厭惡的人？美國作家茱蒂絲・維奧斯特（Judith Viorst）在《失落之必要》（*Necessary Losses*）中說過的一段話可以說是最佳的答案：

我們在行為上會模仿我們喜愛、羨慕和崇拜的人，但我們也會效仿那些我們憎恨和恐懼的人，這就是對攻擊者的認同。這種認同可能會出現在我們很無助且可能會受到挫折的情形下，當我們遇到比自己更強大、更有力的人時，我們就會受到那個人的擺布。

我們努力模仿著我們痛恨和害怕的人，希望透過這種方式獲得他們擁有的威力，從而使自己能夠對抗他們身上所體現出的那種危險。如果打不倒他們，就加入他們，這何嘗不是一種自保？你在加入這些人的時候從來不是心甘情願的，即便你跟他們做著一模一樣的事，你還是會在心裡告訴自己「我跟他們不一樣」、「我是有苦衷的」、「我沒有忘了我的初心」。

可是這又有什麼區別？就像緬甸傳說故事中的屠龍少年，與惡龍纏鬥許久，自身亦變成了惡龍。歸根究柢，沒有人能夠完美的做一套想一套，你的所言所行，會逐漸將你塑造成另一個人。所以，要頂住。無論你有多羨慕、無論這黑暗的誘惑有多強大，都要頂住。

如果你不想成為那個靠玩弄心機或陷害別人給自己謀利的人，就不要允許自己邁出第一步。畢竟，我們不僅要選擇自己要得到什麼東西，更重要的選擇是我們要成為什麼樣的自己。

04「別人是別人，我是我。」真的？

墮落，通常是從「別人都……」這三個字開始的。

過年回家，陪五歲的外甥女去遊樂場，她最喜歡的是一組溜滑梯。也許是那天下雪，人又多，有調皮的孩子趁著管理員不注意，穿著鞋就跑到了場內。等我們到時，溜滑梯上已經滿是穿著鞋的小朋友，以及肉眼可見的泥漬。

外甥女按照慣例，坐在入口處的小板凳上準備脫鞋，表嫂提醒：「今天就別脫了，妳看大家都穿著鞋子呢。」

她抬頭看了一眼，顯然猶豫了一下，但還是低下頭跟自己的綁帶小靴子死磕，表嫂怕她的襪子被泥水弄溼，便又推了推她：「都跟妳說不用脫了，溜滑梯已經髒了，別人都穿著鞋，妳脫了也沒用。」

「可是別人是別人，我是我。」外甥女說著，終於解開了鞋帶，扮個鬼臉便朝溜滑梯跑去。

表嫂只能嘆氣：「妳瞧這孩子，是不是到了叛逆期？這麼倔強。」

那滿場的孩子都穿著鞋，唯有她嶄新的白襪子最為顯眼，我看著那雙白襪子跑來跑去，忽然**很希望她可以一輩子都保有這種純粹的倔強**。「別人是別人，我是我」，這樣簡單的幾個字，卻有太多的成年人想不通、做不到。

我有時候覺得，**一個人的墮落，常常是從「別人都……」這三個字開始的**。別人都在玩電玩，我也不想看書；別人都買名牌衣服、名牌包，我也要。因為別人的不認真，自己也開始敷衍了事；因為別人總遲到早退，自己便也學會了挑肥揀瘦。

我剛工作時，遇到過一位挺有意思的同事。我們同一天入職，她的工作量明明比我少，卻偏要讓自己顯得特別忙，一週總是要加一、兩天班，末了還要在朋友圈裡發一些「今天又是玩命的八個小時，連水都沒空喝，明天也要加油呀」這樣的話。

待在同一個部門，那些演出來的辛苦，同事之間自然容易識破，知道她一天總有兩、三個小時是在玩手機，把早上能做完的事硬拖到下午，又把本能輕鬆做完的事說成千鈞重負。但「遠端控制」的老闆卻總是買她的帳，時不時給她「又加班了」的文字點一個讚，見面還要慰問兩句，有難事、急事需要人手時也會一概繞過她。

可是我們每個季度到手的績效獎金卻不相上下，有時候，她甚至還比我多一點。辦公室裡幾位知情的前輩替我抱不平，卻又還沒不平到給老闆寫封郵件講明原委的程度，他們只好勸我：「妳也別太拚了，能少做點就少做點，就咱老闆這種愛聽好話、愛看孔雀尾巴花架子的，妳做得再多也沒用。」

我自小便被告知「凡事要做到盡善盡美」和「是金子總會發光的」，以為論功行賞是整個世界的運行法則，可剛入職場就被現實打了個天大的耳光。原來真的有人可以靠動動嘴皮子，就能得到我非常努力才能得到的一切啊。

對「不公正」的怨懟、對「清白成功」的懷疑、對那位同事表面上的鄙夷和隱祕的嫉妒，開始一點點毀掉我的志氣和鬥志。我也開始得過且過，學會了混水摸魚，以及「在老闆面前叫苦、邀功必備十招」。那時年輕的我還想不到「以後」，心裡只有滿滿的不服氣——妳都能這麼做，我為什麼不行？

經濟學上有一個很著名的概念，叫做「共有財的悲劇」（The Tragedy of the Commons）。假如你跟一群牧民在一塊無人管理的公共草地放牧，大家都知道多養羊能給自己帶來更多的收益，即便大家也知道草地的載畜量有限，他們還是會去養更多的羊。你不多養，總有人多養。

別人養十頭羊，你只養一頭，草地還是會退化，而那時別人已經賺了個盆滿缽滿，你卻什麼都得不到。誰不怕吃虧呢？於是每個人都想在草地還能利用時拚命的增加自家養羊的數量，直到草地退化到無法繼續放牧，最終導致所有人都破產。

這樣做僅是出於一己私利嗎？並不見得。就像生活裡的太多例子一樣，當我們選擇「將錯就錯」時，賭氣在這個決定裡起了很大的作用，除此之外，還有幾分「怕自己跟別人不一樣」的心情。人性天生好逸惡勞，順著別人鋪好的坡滑下去多簡單呀，就算那一滑到底的坡會毀掉你的人生，還是會有很多人想也不想的坐上去，心甘情願的將自己的生活雙手奉上。

我也是在很久之後才明白這個道理——歸根究柢，**人必須且只能為自己負責**。而負責就表示你不能拿別人的錯誤當作你將錯就錯的藉口，隨波逐流聽天由命，放任身處的環境不斷惡化，眼睜睜的看著自己的熱情和動力漸漸喪失，直到自己也淪為一個「錯的人」。

一個人該活得像《刺激1995》（*The Shawshank Redemption*）裡的安迪，他想要在重刑監獄裡建一間圖書室，就不停的給市長寫信，所有人都告訴他：沒用的，在這種鬼地方不會有人理你的。可是他偏不聽。他在所有人的不屑中無望的寫著那些信，一封又一封、一年又一年，最終那得來不易的成功，又怎能用一句「幸運」就輕描淡寫的帶過。

而我想，法蘭克．戴瑞邦（Frank Darabont）在電影中設計的這個橋段，並不是用來表現奇蹟的存在，也不是用來證明「只要堅持努力就會有好結果」。它只是證明了菲特烈．貝克曼（Fredrik Backman）寫在《大熊魂》（*Beartown*）裡寫的一句話：

什麼是社會？它是我們所有選擇的總和。

05 所有對他人的期望，都是自我的不滿足

當你知道了自己是誰，自然就不會介意別人如何看你。當你確認了自己想要什麼，那些無關的東西便不會擾亂你的心緒。

前段時間跟一個小姑娘聊天，蠻有意思的。她說自己性格不好情商特別低，總是忍不住批評別人，跟不對路的人聊天總是說沒幾句就跟人槓上，可是跟談得來的朋友在一起，卻又討喜可愛，隨時化身讓人捧腹的女丑，她覺得自己特別分裂，來找我幫忙出主意。

「不想再像小孩子那樣總靠著一己喜惡來判定別人了，希望自己能活得開闊一點。但是，我要怎麼做才能不那麼自我？」她問。

「或許就是因為妳活得還不夠自我吧。」我回覆她。

表面稜角分明，其實卻像是個中空的不倒翁，總被外界的力量推著左右搖擺，還以為那是自己的選擇。我見過挺多這樣的女孩，甚至也曾是其中一員，**整天把激烈的「我喜歡」和「我最討厭」掛在嘴邊，靠著這兩句話找到那些同類**，同時把另一些無法理解的人視為跟自己水火不容的傻B（按：簡稱SB，形容極端傻、愚蠢和白痴的人）。

她們好像又激烈又鮮明，但當你問「妳為什麼喜歡〇〇」、「為什麼討厭〇〇」時，

她們大都**無法給你一個邏輯完整的答覆**，翻來覆去念叨的不過是幾句「我就是看不慣」或者「喜歡不需要理由」。

可是，一個人的自我不能僅靠著態度來撐門面，還需要穩定的價值觀。**一個人特別容易感受到外界的敵意，並不是因為太過自我，往往正是因為不夠自我，才會用激烈的語言和偏激的態度來武裝自己**。像是受到驚嚇之後毫毛聳立的小貓，努力把自己膨脹得大一點、再大一點，強刷一波存在感。但你又何時聽說過，身為萬獸之王的獅子也會用虛張聲勢的小伎倆來證明自己？

曾經看過一段港媒對竇靖童的採訪，問題個個帶刺，尖酸刻薄，其中有個問題是：

妳覺得哪個父親最好？

（A）竇唯。（B）李亞鵬。（C）謝霆鋒。（D）不知道。

就是這個連普通人聽到都會立刻翻臉走人的問題，竇靖童一沒發脾氣，二沒擺臉色，她甚至還露出了個有點無奈的微笑。

「我真的不知道怎樣回答。」她說。

我記得當年跟朋友一起看那段採訪，一起在房間裡大呼小叫的替她抱不平。這樣問也太欺負人了吧；為什麼她不生氣，不直接擺個臉色轉身走人？

後來，由於種種原因我又看了那段視訊好幾遍，逐漸發現了她不生氣的祕密。那根本不是喜怒不形於色，也不是滴水不漏的高情商，或是什麼委曲求全。**她不生氣的唯一原因，是她根本不在乎。是見慣了太多的試探，找準了底線之後的淡定**；是對自己的絕對自信，才使得她不會因為一點挑釁就迫不及待的想要反擊。

她不是那種高高的飛在天上，但一戳就爆的氣球，她太清楚自己的優勢和軟肋，所以無論是應對好意還是面對挑釁，都能讓自己顯得遊刃有餘。

我跟人約會時，特別討厭對方遲到，是那種恨不得就地絕交的決絕（按：堅決斷絕），和壓根不想搭理這個人，哪怕一句的厭惡。直到有次跟朋友吃飯，他忽然問我：「妳為什麼這麼討厭別人遲到？」

「每個人都應該有時間觀念啊，遲到就是對別人的不尊重，從小事上就能看出一個人做人的細節……。」我巴拉巴拉的說了一大堆。

他又問：「我不是問妳遲到好不好，我是好奇，妳為什麼會這麼討厭別人遲到？」

為什麼？難道我不過是跟風？難道我就是看不慣別人做錯？難道我也不知道自己為什麼討厭遲到？我的大腦斷片了好幾秒，終於反應過來：「因為對方遲到會浪費我的時間，一旦我覺得自己在浪費時間，就會特別暴躁。」

「難道妳自己就不浪費時間？就不發呆走神玩手機？」他大笑，「妳就算再認真，也沒辦法把每分每秒都計算到啊，等待的時間算不算得上是浪費，其實是妳自己的事。」

我是在很久之後才明白他的這句話。那些被用來等待的時間，其實也是足夠去喝杯咖啡、翻幾頁書，或者去附近的小店裡小小的探索一下。但是我卻決定把它用在焦躁和抱怨上。出問題的不僅是對方，我自己的時間管理也存在問題。

後來，我養成了隨身攜帶 Kindle 的習慣，如果對方遲到了，我會就近找一家美美的小店坐進去看書，順便瀟灑的拋個定位：「一會兒到這兒找我。」雜誌主編吳伯凡在專欄裡寫過這樣一句話：

所有對他人的期望，都是自我的不滿足。

一旦當你學會了如何填滿「自我」，自然就不會再去強求別人的配合。與謙遜無關、與情商無關，無非是當你知道了自己能掌握航向之後，就不願再把控制方向的船舵交到別人的手中。你不是活得太自我，而是太沒有自我了，才會在意周圍的聲音、在意別人的行為，急吼吼的給人貼上簡單粗暴的標籤，以此來標榜自己的態度。就像作家當年明月在《明朝那些事兒》中所寫的一樣：

人是因為堅定而強大，又因為強大而溫柔。

當你知道了自己是誰，自然就不會介意別人如何看你。當你確認了自己想要什麼，那些無關的東西才不會擾亂你的心緒。每個人最後都會成為大海中的一滴水，但在那之前，你需要找到真正的自我。

06 安全感是自己給的

人人都嚮往能嫁給愛情，可是一個人是否能如願，很大程度上取決於自己能給自己多少幸福和安全感。

好友小南在大年初四狼狽的逃回上海，為的是跟全中國超過二十五歲的女孩們同樣的困境：被逼婚。小南有男友，已經談了三年多，她本來準備將這長跑再拉長幾年，卻在跟七大姑八大姨的論戰中遍體鱗傷。

那套說辭她原本很熟悉，不過是被親戚們嘮叨幾句：女孩子過了二十五歲就不值錢啦；妳就這麼耗著，萬一他將來甩了妳，可別沒地方哭哦；年齡大了不容易生孩子⋯⋯她的致命傷來自母親的一聲怒吼：「有本事妳就一直這麼拖著，一輩子都不要結婚。」

她依稀記得自己當時回懟得理直氣壯，可是深夜時卻忍不住在微信上說了真話：「雖然我真的不想結婚，但想到如果一輩子都要一個人過，真的有點怕。」

我理解她，這幾年來我身邊有太多像小南一樣的女孩，口口聲聲的說著：「要談一輩子戀愛，不要結婚。」忽然有天就披上了婚紗成了人妻人母。

愛一定是有，但更多的是怕。對年齡漸長的恐懼，對一切不確定的惶恐，對孤獨的避之不及，常讓她們以「逃一般」的姿態進入婚姻。沒有人喜歡婚姻裡的雞毛蒜皮和柴米油鹽，但它就像是茫茫海上的一根浮木，雖也身不由己，但好歹有個依託。

很多一起過的原因並非基於對對方的深情，而是對自己和未來的放棄。

作家秋微寫得多一針見血，而正因如此，那些匆匆逃進婚姻的人，往往又是最懷念單身的一群。她們單身時整天惴惴（按：音同「墜」，憂懼戒慎的樣子），結婚後又總是打著追憶往昔的旗號，遇到任何不如意都拿來感慨「好懷念一個人時」。從未用盡全力去經營一段關係，而是把一切的雞毛蒜皮都丟進「要是我當初沒結婚就好了」的垃圾桶裡自欺欺人。

人人都嚮往能嫁給愛情，可是一個人是否能如願，很大程度上取決於自己能給自己多少幸福和安全感。但別誤會，我並不是在勸你買四位數的眼霜和五位數的包包給自己，每天把「愛自己」、「接納自己」的口號掛在嘴邊。想要應付刻薄的生活，這還遠遠不夠。

我有位好友住在深圳，去年，她趁著週末跑去參加了一個水電維修的職訓班。對，就是你想像中的那種，跟糙老爺們一樣拿著鯉魚鉗和驗電筆在纏成一團的電線中判斷哪根是火線、哪根是零線？從彎彎繞繞的水管裡掏出長相各異的汙物的職訓課程。

她拿到結業證書之後興高采烈的跑到社群裡講：「我學會了好多東西，不僅一毛錢都不用花，上完課還能拿到政府發的技能補助，姐妹們有興趣的要把握機會，下個月還有一期喔。」

社群裡正在聊著哪個牌子的眼霜更好用的女孩們陷入了短暫的沉默，半晌，才有人敷衍的開口：「聽起來挺不錯的呀。但我真的沒時間，週末我還要去美容院做保養呢。」

二〇一八年底時，那個喊著做保養的女孩跟相親對象結了婚，半推半就又不大情願，婚禮前一天還在社群裡找我們吐槽夫家的種種。

當有人問她明明不滿意為什麼還要嫁時，她說：「今年社區停電停得太頻繁了，家裡保險絲都燒斷了四次，每次叫物業管理公司都拖拖拉拉的，有一次還拖了一夜，第二天中午才來。他再不好，總能換個保險絲、拉個電閘什麼的吧？我害怕一個人。」

我是在那一刻理解了脫不花（按：本名李天田，中國邏輯思維的CEO）的那句：

你需要盡快建立一套自己的生活資源系統，從臨時保姆到專車司機、寵物醫生，能二十四小時喊來幫忙的親友，甚至旅行代理人，把自己的生活置入一種由專業人士服務的環境中。

說話的女孩收入不低，兩年前也買了輛車和一間四十坪的公寓，人前也是百分百的獨立、新潮、時尚的女人。可是你看，能養活自己和能把自己照顧好之間，還是無法簡單粗暴的畫上等號。

生活本已不易，更別提那足以從你心中刮走一層皮的孤獨風暴。不，不是什麼一個人吃火鍋、一個人打點滴的一次性的小麻煩，**那些細碎的孤獨時時刻刻都藏在你身後**，只要你露出一點點脆弱，就會潑灑成無法收拾的自暴自棄。

一個人的時間，畢竟還是太多了啊。不用負擔兩個人甚至三個、四個人的衣食起居，不必花力氣在另一個人面前掩飾情緒，微信、電話都可以隨心所欲、有一搭沒一搭的回應，省去太多跟另一半的交際圈虛與委蛇的時間。可是當人真正有時間來跟自己做伴時，往往才會發現自己也沒那麼好相與（按：結交）。

因此，你如何填滿那些孤獨的時刻，才決定了你能留住多少滿足。不是那些為了打發時間才去做的刷微博、大掃除或者漫無目的地逛街。你需要的是那種讓你每晚入睡前覺得這一天沒白過，在每天清晨想起它又覺得未來可期的事情。

那些能給你帶來滿足感和成就感的東西，才是乘著你蹚過孤獨的那條船。照顧好自己，不倚靠另一人替你披荊斬棘。理順自己的內心，不把時間和孤獨託付給自己之外的人。敢一個人生活，也能一個人生活得很好。無論嫁與不嫁，那才是你最好的底氣。

07 習慣就好，這世界原本就常常讓人難過

良心會遲到，但永遠不會缺席，它帶來的是心虛和愧疚。

好友南南年前參加了一場聚會，遇見多年沒見的老同學小樂，回來捶心崩潰。南南跟小樂曾經是最好的朋友，大學同班、工作同部門、無話不說，親密得如同一個人。但這要好很快就被小樂單方面終止，當時她們部門重組，空出來一個管理職位，南南和小樂同年到職，業績不相上下，又都頗得老闆賞識，成了彼此最有力的競爭對手。

那段時間剛好是年底，每個人都忙得焦頭爛額，有次加班到凌晨，在路邊等計程車時，大剌剌的南南跟小樂吐槽：「平時閒到瘋，年底忙到死，老闆為了做業績這麼折騰人，根本就不會管理嘛，我要是當了主管，絕對保證讓大家都早早下班回家睡覺。」

小樂當時還笑著附和了兩句，可南南萬萬沒想到，小樂把這句話記得如此清楚，以至於向老闆複述時，一個字都沒差。她們的老闆平時最小心眼也最剛愎自用，直接就把南南叫進辦公室臭罵一頓，而背後捅了她一刀的小樂則順利的登上了經理的寶座，連一句解釋都沒有。

南南像吃了一隻蒼蠅一樣噁心，吐不出來又嚥不下去，索性裸辭去了上海，折騰了好

幾個月，才找到一份比較滿意的新工作。她常常會想起小樂，憋著一股氣接最難的專案，出最遠的差，為了一張PPT跟客戶磨到凌晨，換來一次又一次的加薪，以及坐火箭般的升職。就當她覺得自己「準備好了」時，她又見到了小樂。

小樂也跳槽了，借著原來公司的東風，一跳三級成了總監，月薪不知道翻了多少倍，被新公司公費派到歐洲進修了一年，還找了一個男模般的義大利男友。

「這也太不公平了吧。」南南說，「這種人不是該有報應的嗎？憑什麼我這麼努力得來的一切，她也有？」

有個剛上大學的小姑娘跟我講她們宿舍的事。家裡最有錢的女孩喜歡拉幫結派，看不起一個來自農村的女孩，總是以各種理由找那個女孩的麻煩，還跟另外三個人聯合起來孤立她。

她們自己可以在熄燈之後用手機放搖滾樂，但那個女孩只要打電話的聲音大一點就會被斥責；她們吃零食把餅乾屑弄得滿地都是，但還是能理直氣壯的指著地上的幾根頭髮指使那個女孩：「妳，一會兒把地掃掃。」

我這個讀者有一副女俠心腸，忍不住要替被欺負的女孩出頭，有次宿舍裡其他人又在排擠那個女孩，讓她一個人去倒重重的垃圾桶時，她忍不住開了口：「垃圾又不是她一個人丟的，要倒一起倒，輪流倒也行。」

沒人說話，過了好一會兒，帶頭的那個女孩冷笑一聲：「好。」

也沒有什麼往被子上潑冷水、牙膏裡摻石灰粉這種狗血的橋段，但從那一天開始，她明顯的感覺到自己也被孤立了。沒人跟她說話、沒人幫她帶飯、沒人借筆記給她，好好的血肉之軀，成了別人眼中的透明人。那一刻，她明白了那個「好」的含義——妳不是要幫她出頭嗎？那就連妳也一起孤立好了。

她特別難過，問我：「明明就是她們不對啊，為什麼我做了對的事，反而是被懲罰的那一個？」

我記得那天我在電腦前坐了很久，一行字打了又刪，刪了又打，最後還是只回覆她一句：「習慣就好，這世界原本就常常讓人難過。」

我很小時也問過父母類似的問題。為什麼做錯事的人可以不被懲罰？而他們告訴了我五個字：遲早有報應。在之後的生活中，我曾經無數次聽到類似的話語：人在做天在看；惡人偏有惡人磨；這種人以後會有報應的……會有嗎？或許吧。但總不是現在、不是今天，而是誰也不知道會不會來的以後。

就像一列長隊伍裡有人插隊，只有一、兩個人會站出來表態，而大多數人只是沉默著，往後退讓一步。一邊念著明哲保身吃虧是福，一邊在心裡咒罵：「誰敢插隊，誰今天丟錢包。」

也的確不是什麼十惡不赦的惡與壞，但正是因為瑣碎與日常，才讓人無可奈何又如鯁在喉。

知乎上有一個好玩的問題：給你十億美元，但會有一隻蝸牛永遠在你周圍十公里範圍內追殺你，牠不能被殺死，壽命無限，可以翻山越海、可以進出密閉空間，牠沒有標記，也不會預先告訴你牠長什麼樣，你無法把牠跟其他蝸牛區分開來。這樣的條件，你願意接受嗎？

下面有個熱門的回答說：「這隻蝸牛，不就是我們的良心？」

我很喜歡《紙牌屋》（*House of Cards*）裡的一句臺詞：

所謂良知，並不是你能不能面對別人，而是每天早晨醒來，你敢不敢面對鏡子裡的自己。

或許這世上根本沒有報應這回事，老天很忙，沒空拿著小本子計算你所有的功過得失。但每個人，都會有必須要直接面對自己的那一天，來自良心的提醒有時會遲到，但它永遠不會缺席。那一刻的心虛、愧疚和悔恨，才是最殘酷的懲罰。

或許等到了那個時候，我們才能明白自己為何還要選擇當個好人吧。因為**「好」從來不是為了得到，只是為了不失去**。

08 不必把太多人請進生命裡

自我暴露的程度更高，性情愛好一覽無遺，固然比較容易拉仇恨，但也更容易吸引到那些欣賞她們的特質、能夠包容她們缺點的人。

一個上大三的姑娘留言給我：「覺得自己活得好失敗啊，眼看大學快要結束了，還沒有結交一個好朋友。」

她是那種棉花一樣的女孩，弱小綿軟不起眼，跟身邊所有人都客客氣氣的。她一直覺得這種君子之交淡如水才是友誼的最高境界，直到有次宿舍裡的幾個女孩一起出去春遊。

宿舍六個人，有一個女孩家裡有事臨時退出，只剩她們五個人一起出遊。她最後一個出發，仔細檢查了宿舍的門窗，還專程去裝了一壺開水放涼，以備下午大家回來口渴時可以喝。

可是等她走到學校門口，卻看不見其他幾個人的身影，舍長給她發來一條微信語音，背景裡有幾個女孩的嘻鬧聲：「小Z，我們先過去啦，計程車只坐得下四個人，妳弄完了自己坐車過來啊，我們在植物園門口等著，愛妳呦。」

愛妳呦，她們說，可是她卻難過得想哭。並不是只有一加四等於五，二加三也等於五啊。只不過，沒有人願意留下來等她而已。她一個人在計程車裡哭了整整二十分鐘，跟室友們會合，她們沒有發現她略微紅腫的眼睛和鼻頭，她們開心的合照，只有需要凹造型（按：擺姿勢，Pose）時才會對她發出邀約：「來來來，小Z也一起來」。

不陌生吧，這樣的邀約。

就像舍長去超市買東西，問遍了其他所有人都不去才會來叫她，而她總是點頭答應。就像上鋪的女孩學化妝，軟磨硬泡想在其他人臉上練習都被拒絕，只有她順從的任她在臉上塗抹。

她本以為女生之間的友誼就是如此，可是現在她才明白，那句「妳去不去？」原本就是不抱希望的邀請，而那句「你最好了。」也不過是一句敷衍的客套。看似不可或缺，卻從來都不是任何人的第一選擇。

她委屈的問我：「我到底做錯了什麼？為什麼她們都不喜歡我？」

我反問：「她們丟下妳先走，妳明明不高興，見了面為什麼不說？」

她被我問得愣住，隔了半晌才回：「我覺得鬧脾氣不好……自己能忍的，就忍忍吧。況且，我也不知道這種話要怎麼說。」

二〇一六年《武林外傳》播出十年的紀念日，我高中時期的重度劇迷同桌特別跑來找我重溫童年。我們一邊吃零食一邊有一搭沒一搭的聊當年的趣事，她忽然問：「妳還記不記得外傳裡那個笑起來甜甜的，特別愛幹活的女孩叫什麼名字？」

「無雙啊，祝無雙。」我秒答她。

她一臉「原來如此」的表情，說：「有次跟同事聊起這部劇，全辦公室的人都想不起來那女孩叫什麼了，只記得她的那句口頭禪——『放著，我來』。」

我跟著她笑，可是心裡卻有點莫名的難過。原來他們都不記得無雙了啊。她那麼善良、那麼漂亮、廚藝那麼精湛、武功也那麼高超，她對身邊的每個人都很好，把同福客棧當作自己的家，搶著幹一切不屬於自己的活兒。可是她始終是可有可無的那個人啊，無論是男女情還是姐妹情，她從來不是任何一個人的第一選擇。

佟湘玉有白展堂、郭芙蓉有呂秀才，就連女人間的八卦，也是佟湘玉和郭芙蓉之間的話題比較多。你又能說她做錯了什麼？

一位同樣是外傳粉的好友給了我這樣一個答案——祝無雙最大的缺點，就是她沒有缺點。因為沒有缺點、沒有個性、沒有訴求，所以也不被選擇和記住。明朝的大家張岱曾經講過這樣一句話：

人無癖不可與交，以其無深情也；人無疵不可與交，以其無真氣也。

所有的人際交往，本質上都是自我暴露，一個人有自己的喜惡，才能吸引與自己擁有同樣喜惡的同伴；一個人有自己的缺點，才能遇到能與自己互補的人。而我們在自我暴露中所顯示出的真實，才是關係中彼此之間交付忠誠的信物。

後來我也認識了一些如同小Z一樣的姑娘，她們溫柔、乖巧，沒有小脾氣、小任性，無論你說什麼，得到的都是一個微笑的點頭，即便被問到：「妳覺得呢？」她們八成也會回答：「妳說得對。」可是這樣的交往卻往往讓人覺得憋悶，好像當你介紹完了自己的愛好專長、畢業學校、家庭成員甚至是你的寵物狗之後，你對面的那個人卻依然是一團看不清的迷霧。

很多打著「教你提高情商」旗號的書總是會過分強調聆聽和提問的重要性，誠然，這兩樣是維持一段對話的關鍵要素，但若是拉長到一段關係裡，「如何說」才是最重要的課題。比較一下這兩段對話：

對話一：

A：你是哪個學校畢業的？

B：復旦大學。

A：你好厲害啊，你讀哪個科系？

B：我讀金融管理。

A：那你現在的工作也是金融類的嗎？

B：關係不是很大，能用上一點皮毛知識。

A：那你平時工作辛苦嗎？

對話二：

A：你是哪個學校畢業的？

B：復旦大學。

A：你好厲害啊，我也在上海念書，當時還去復旦旁聽過課呢，你讀哪個科系？

B：我讀的是金融管理。

A：那你現在的工作也是金融類的嗎？

B：關係不是很大，能用上一點皮毛知識。

A：要找相同性質的工作的確不容易，我一直希望自己的工作能跟所學的相關，但像我們數學系的，想完全相關就只能當老師。對了，你們平時工作辛苦嗎？

如果你是B，這段對話結束之後，你更容易記住誰呢？是那個對你提了一堆問題但沒有給出任何資訊的人，還是那個跟你同城讀過書，畢業於數學系的人呢？這就是為什麼有些看上去大剌剌，脾氣也不大好的女孩了反而人緣更好的原因。

她們**自我暴露的程度更高，性情愛好一覽無遺，固然比較容易拉仇恨，但也更容易吸引到那些欣賞她們的特質，能夠包容她們缺點的人。**

是你的性情、脾氣、愛好和缺點，構成了活生生的那個你。而我選擇你作為朋友，並不只是因為你很好，而是我對你有興趣，基於了解而建立起來的，才是真正的友誼。

09 明知努力很重要，為什麼我做不到？

與其與問題死磕到底，不如先找出問題的根源；與其改變自己，不如先改變情境。

心理咨詢師李松蔚在《為什麼都是我的錯？》中，講到了一個很有趣的理論：

一個人的問題，並不是他自己的問題，而是他所處的整個環境的問題。一個人無法只靠自己打破整個環境的慣性，這就是為什麼改變有時候這麼難。

我是在跟一位朋友聊天時忽然想起這句話的，她被自己的拖延癌晚期搞得焦頭爛額，曠日持久的鬥爭持續了好久，依然沒有絲毫起色。

拖延到什麼程度呢？一份十頁的PPT規定在一週內做完，她能硬生生的拖到最後一個小時，刷一會兒抖音（按：TikTok，由中國廠商設計的影音應用程式）看一會兒韓劇，實在來不及索性就熬個通宵趕工，中間也曾無數次提醒自己該做了，可藉口總是能占據上風——我就回個微信、洗個澡、拿個快遞。然後自然而然的，就又等到了下一次。

若是再年輕幾歲，她大概會無所謂的說：「deadline（最後期限）是第一生產力。」可是眼看年齡漸長精神不濟，熬一個晚上都要休息個三天，面膜、眼霜等護膚品更是價格不菲。她下定決心要戒懶、戒拖延，從發紅包（按：透過通訊軟體發送數位紅包）求監督到罰自己不許購物、不許吃飯，可是意志力像是沒拴緊的螺絲釘，任由她用盡各種方法，還是撐不過一個月。

我作為紅包的最大受益者，幾乎旁觀了她跟拖延症鬥爭的全部過程，也跟她一樣卡在同一個問題上——為什麼人會去做那些讓自己很痛苦的事呢？

這個問題單從她自身來看幾乎是無解的，可是一旦你把它放進一個公司中來看，就不難發現端倪。她所在的事業單位錢少活兒輕，同事們大都是四十到五十歲的關係戶（按：指有很多熟人）阿姨，每天的日常不外乎聊婆婆、聊孩子和一些雞毛蒜皮的小事。剛開始，她會在忙完手上的工作之後學會兒英語或者看會兒書，卻總是會受到她們五味雜陳的嘲諷：

還是小李上進啊，科長還沒退就等著接班了；大學生就是不一樣，妳看看，人家都不願意跟咱們湊堆聊天；咱們這兒又用不上英語，小李妳是有二心吧，就這小廟，哪兒能留得住妳……久而久之，她也就學會了應付她們的那一套，哪怕是最簡單的一件事，也要等到下班前再做。這樣一來，她就能在她們叫她聊天時理直氣壯又愁眉苦臉的說：「我還有事沒弄完，主任等著要呢。」

這藉口屢試不爽，一次又一次，漸漸的也就成了她的習慣。這也是她所有跟拖延症的死磕都會失敗的原因。在那個體系中，高效率和上進其實是不被鼓勵的，體系需要她拖延，為所有人製造一種短視的安全感。她一天不擺脫這個環境，就永遠需要拖延這件武器跟生活交戰。

想起的另一件事，來自我的一位讀者。她上高二，眼看到了衝刺的關鍵時刻，理智上知道應該努力，卻總是打不起精神，無論給自己灌多少雞湯、打多少雞血都無濟於事，總是忍不住玩手機，一翻書就犯睏。

我跟她聊了好幾次，也跟她一樣找不到這種矛盾的原因，直到有一天聊著、聊著，我隨口問了句：「那妳現在這個狀態，妳父母怎麼看呢？他們會不會逼妳，給妳壓力？」

「不會，他們根本就不管我啊。」她回我，「我爸媽都是做生意的，覺得我考好、考壞都沒關係，大不了就回家來幫他們做事，還總是安慰我別學得太累了。」

那一瞬間，我明白了她的「無處著力」。那種感覺，就好像是你剛翻開書，母親就端來一盤水果，帶著一臉慈愛偏要看著你一口口吃掉，臨走時還不忘叮囑一句：「別學太累了，早點睡啊。」

這句話裡隱藏著沒說出口的那句話：「考高分也沒什麼用，我和妳爸沒上過大學，不是也過得挺好的？」她的潛意識敏銳的捕捉到了這句話，在理智還沒察覺之前，率先向輕鬆和享樂舉手投降。潛意識的力量何其強大，意志力與之相比，兩者的力量懸殊得像是大象與貓，也難怪她無論怎樣告訴自己「該學習了」，堅持不到半小時就會原形畢露。

你遇到的每個問題，其實都是環境的問題，你嘗試改變的努力之所以失敗，也是因為

環境並不要求你改變。

脾氣不好？那是你所在的環境能包容你的壞脾氣，你從未因此付出過高到肉疼的代價，所以才總是不長記性。太內向害羞？那是你所處的環境不要求你擁有多高的社交技巧，如果你去做必須要以說話為生的業務或者補教老師，用不了多久你就能侃侃而談。

錢怎麼賺都存不下來？那是因為你還沒遇到過那個讓你為難、著急得恨不得套上絲襪去搶銀行的時刻，你還沒懂得財富的珍貴，自然也就對它不感興趣。以及我們都知道的那個學習語言的終極祕技——把你扔到人生地不熟的國外去待上幾天，保證進步神速。

但是，**這並不意味著你可以因此不必對自己的問題負責**，每個人都有一次為自己創造情境的機會，改變與否，始終在於你自己的選擇。想治療拖延症，就去一個鼓勵提高效率的新環境，當你的每一天都能被安排得滿滿的，節約出來的每一分鐘都能為自己所用時，你自然就不需要再借助拖延來獲得環境的認同。

想靜下心用功，就多跟學霸交朋友，從他們身上獲得沉靜和積極向上的態度，老老實實待在教室裡上晚自習。

與其與問題死磕，不如先找出問題的根源；與其改變自己，不如改變情境。那並不會更容易，但難走的那條路，才是解決問題最好的方法。

5

成熟是身段要軟，方法要硬

在人生這場試煉中，只靠才華是不夠的，你還得耐得住批評，受得住委屈。

01 小孩子才賭氣，而成年人解決問題

成功有三要素：一是堅持，二是不要臉，三是堅持不要臉。

幾個朋友聚會時聊到這樣的一個話題：你覺得什麼是一個人成熟的表現？

有個女孩說，她是從公司的實習生身上學到的這一課。她們兩個一起出差到另一個城市見客戶，到了會場才知道客戶公司的線路出了問題，會議室裡的投影機成了擺設。客戶把一肚子的氣統統出到了兩個小姑娘的頭上，埋怨她們沒有準備紙張的資料，白跑一趟還浪費大家的時間。

她脾氣本來就衝，熬了好幾個晚上做的PPT就這麼無端被否決，腦子一熱就準備跳起來跟客戶爭辯，那個柔柔弱弱的實習生卻搶先開了口。那小姑娘本就是南方人，吳儂軟語（按：形容人說話聲音柔美細膩）一口一個老總一口一個前輩，又是賠笑又是道歉，好說歹說，竟也說服了客戶給她們一個展示的機會。

然後她用了十分鐘，在白板上徒手畫出了整個策劃案，從資料來源到同比環比（按：同比是指與上一個期間的比較，環比則是本期與上期比較）分析，精確到小數點後兩位。客戶的神情從輕視慢慢變得鄭重，最後她們居然也成功的拿下了第二年的合約。

「蠻吃驚的，感覺自己被一個九五年的小孩秒殺了。

「不是因為她記憶力比我好，也不是因為她對這個專案比我上心（按：記在心上）。而是她明明有幾把刷子，居然還能這麼放得下面子。明明不是她的錯，卻背鍋背得坦然又平靜。

「是她讓我發現，**發脾氣是世界上最無用的東西，只有小孩子才賭氣，而成年人解決問題。**」最後她說。

我很喜歡作家黃佟佟評價主持人馬東的那段話：

> 他是一個身段柔軟的人，在任何一個容器裡，都可以盛滿這個容器。

人對自己最好的認知就是先把自己放下，攜帶著巨型的自我不利於前行，走路都難，何況轉身。一次一次把自我放下，這才能短衣服小打扮、身輕如燕、挪騰自如，到達自由境界，這是一種代價更小、成本更低的方式。人生本來就短，用一種高成本的方式前行，不值得。

但人常常如此，越是年輕，越是一無所有時，往往越執著於身段和面子。以為只要死不認錯就能保護脆弱的自尊，以為低個頭道個歉就是對自己人格的貶低，只有處處要強，才能顯得有志氣。

認識一個蠻有才華的男生，開始時做得順風順水、春風得意，很快就成了部門的明星員工，但凡公司高階主管出席的報告會，ＰＰＴ裡總少不了他的創意，就當我們都認為他可以實現兩年跳三級，完成職場的第一步飛躍時，他卻黯然辭職了。

並不是為了多大的一件事，而是因為在一次內部的月度會議上，他提交的報告裡少了一個資料，使得部門的副總監提出了質疑。眾目睽睽之下，他被問得下不了臺，已經到了嘴邊的一句：「對不起，是我沒注意。」硬生生變成了：「這個本來就不是關鍵ＫＰＩ，就算不看也沒多大關係。」而副總監又是較真的性格，兩人竟你來我往的在會議上爭執了起來。

就是從那天起，他開始清楚的感覺到自己正在被逐漸邊緣化，見不到重要的客戶，拿不到關鍵的資源，就連之前手上的幾個大專案也被安插了副手，他一怒之下選擇了裸辭。我在一次聚會上遇到他時，他正臉紅脖子粗跟一個試圖勸他的朋友較勁：「常在河邊走誰能不溼鞋？誰沒出錯時？論業績我也算數一數二，他憑什麼一點面子都不給我，當著那麼多人把我當孫子訓？」

勸他的人見狀搖搖頭走開，而他依然不依不饒的數落著副總監的「罪狀」。蠻難過的，看著他親手把自己的錦繡前程撕得粉碎，好像在疾風暴雨裡不肯彎腰的一棵小樹，被一道閃電攔腰劈斷。

是的，他的優秀大家有目共睹，但在任何一個已成規模的公司裡，也並**沒有誰，是真的完全不可代替。在人生這場試煉中，只靠才華是不夠的，你還得耐得住批評、受得住委屈。**有一句話這樣說，**成功有三要素：一是堅持，二是不要臉，三是堅持不要臉。**堅持每一天都讓自己的手段更硬、方法更多，但也學會將身段放低，變得更加謙卑和柔軟。

這本是成長最快的兩個互補的車輪，但很多人卻把它們完全對立起來，認為只有端起架子、做足面子才能證明自己的優秀。這樣的人往往起步很好，但隨著年齡漸長，自我意識日復一日的膨脹，而能力卻因為閉門造車而止步不前，逐漸被自負裹挾，與現實脫軌，成為一個既狹隘又偏激的面子至上主義者。

人天性自戀，練習把身段放低，是一場艱苦的修行。被史學家評為「外儒內聖」的曾國藩，一直以其包容、低調的人格魅力被視為待人處事的典範，但他在三十歲之前，其實也是個不折不扣的「刺頭」（按：喻難纏的不易對付的人）。他憤世嫉俗又態度強硬，剛開始帶兵辦團練時，因為看不慣湖南官場的老舊官僚作風幾乎得罪了所有同僚，與綠營軍更是矛盾重重，甚至與之發生火拼。

軍事上有太平天國之困，官場上又處處被排擠，正在最艱難的時刻，他父親又離世，曾國藩必須回家給父親守孝，回想起這幾年的遭遇，他心灰意冷，覺得自己非常委屈。明明不遺餘力，卻偏事事掣肘，明明一腔熱血，卻偏處處碰壁。而改變他後半生的，是他讀懂《道德經》裡的一句話：

上善若水，水利萬物而不爭。

一個人想要做出成績，**只靠單打獨鬥是不夠的，必須要放低身段才能獲得他人的助**

力，以成就自己的抱負。這不是厚黑，也不是認輸，放低身段，只是為了更好的達到目的。正是想通了這一點，曾國藩復出後，一改過去鋒芒畢露的作風，努力包容之前自己看不慣的官場寄生蟲，設身處地的體諒他們的難處。跟人發生衝突時，也不復從前的固執和強硬。

正因如此，他才得到了眾多同僚的支援，從一個可有可無的中級官吏一躍成為史學家口中的「半個聖人」。人生不是單行道，而手段不僅有對錯之分，還有性價比的高低之別。明白了這個道理，才是真正的成熟。與其較勁，不如借力。

02 才氣是最不值錢的東西

性情穩定，是性價比最高的競爭力。一個人想要往更高的地方走，就必須要掌握更貴重的技能。

上個月髮小（按：指小時候在一起玩耍的朋友）結婚，我跟幾個要好的朋友結伴去參加他的婚禮。大家平時都在不同的城市，婚禮前夕才第一次見到準新娘，都有點吃驚。怎麼說呢……女孩子滿臉笑容，綁著普通的馬尾，眉間眼底都是新婚的喜氣，使她整個人都有種被籠罩在一個粉紅泡泡中的甜蜜和夢幻的感覺，平添了三分可愛。

而我這位髮小，人暖嘴甜顏值高，從小情書就收到手軟，留學回來之後，更是成了朋友圈備受關注的白金王老五，誰也沒想到他會這麼快就步入婚姻，還是跟這樣一個看起來平凡無奇的女孩子一起。

有個暗戀他好幾年的姑娘憋不住，準新娘才剛一轉身，她就迫不及待的問他：「你到底看上她什麼？」

這話問得奇怪，但我們還是八卦的湊了上去。他神祕的眨了眨眼睛：「她老家拆遷補償費有六百萬……。」

他神情嚴肅不似玩笑，姑娘剛露出恍然大悟的神情，他才慢吞吞的補充：「可是她一毛錢也沒拿到……。」大夥兒齊抓狂，逼著他講從相識到戀愛的全過程。

他們本是不同部門的同事，平時手上的業務多有交集。女孩家在河北某地郊區，正好跟市政規畫的新花園廣場重合，廣場開建不久，女孩暴富的消息就在公司裡傳開了。兩幢三層小樓，十幾畝宅基地，怎麼說也能拿到幾百萬的拆遷補償費。辦公室裡傳得沸沸揚揚，他也跟著大家起哄，逗她：「小富婆，妳怎麼還來上班？」

她不躲避也不解釋，只是笑道：「我捨不得你們。」

可是當事人越是冷靜，吃瓜群眾就越樂於起哄，沒過多久，女孩的好閨密就放出另一條勁爆的消息：女孩的父母重男輕女，以她上大學轉出了戶口為由，居然把她的份額都分給了弟弟與弟媳，雖說家裡拿到好多錢，但她竟什麼也沒有。

辦公室裡又一次炸開了鍋，而她依舊像沒事似的正常上下班，由她處理的工作，依然做得一絲不苟。如果不是那天聽到她在樓梯間一邊哭一邊跟家裡人打電話，他也只以為這不過是無中生有的八卦。女孩哭得極其傷心，掛上電話後就去了洗手間，送文件給他時，除了眼眶還有些微紅，語氣神態居然平靜得讓人看不出一絲端倪。

一個這麼年輕的女孩，面對巨大財富的從天而降又不翼而飛，居然可以冷靜到這個地步。他有好奇也有敬佩，主動約她一起吃晚飯，而這就是他們交往的開始。

兩人之間雖然也有爭吵，也有矛盾，可是她跟他認識的女孩都不一樣。有原則但不咄咄逼人，有性格但不會無緣無故的擺臉色，有矛盾從不冷戰、不耍小性子，像是一潭溫柔的春水，於不動聲色間化解他所有的稜角與不安。

「跟她在一起很開心，有種莫名其妙的安心感。」他說。

我想，我是有點理解那種感覺的。作家龍應台在《親愛的安德烈》中寫道：

你需要的伴侶，最好是那個能夠和你並肩立在船頭，低斟淺唱兩岸風光，同時更能在驚濤駭浪中緊緊握住你的手不放的人。換句話說，最好她本身不是你必須應付的驚濤駭浪。

跟性情穩定的人相處，你不必時時擔心自己說錯了什麼話、做錯了哪件事就招來白眼和彆扭，也不會因為偶然的兩句口角就涕泗橫流，鬧分手、鬧拉黑（按：列入黑名單）。你會確認自己是被愛著的。不是因為做對了哪件事而被愛，也不是因為討得對方一時歡心而被愛。你被愛，因為你是你。

這樣的伴侶，其實有點像一條減震帶，世間千萬種苦和難，從他們的手中滑過，也會變得沒有那麼難以接受。

認識一個設計師，是純工作關係上的交往，他作為乙方的代表，承接了公司的一個很大的廣告專案。才華是真的有，但脾氣也是真的壞。圖稿一遍也不肯修改，開會時比甲方還要大聲，工作全憑心情，高興時可以弄一個通宵，不開心時直接不來上班，微信不回，電話也不接。

每次開會跟他要進度時，他都瀟灑的把手一揮：「你們不用管，我心裡有數。」專案就這麼磕磕絆絆的進行，我們常常因為他的「有數」被弄得人仰馬翻。有時一整天都沒事做，有時卻得臨時加班到深夜，雖然最後也順利的完成了專案，卻給大家留下了不小的心理陰影。

再後來遇到類似的專案，我們就先跟乙方公司打好招呼：除了〇〇之外，設計師讓誰來都行。後來換的那些設計師，沒有一個像他那般驚才絕豔，但也沒有一個再那樣折騰過我們。他以一己之力能做到九十分，而一個差不多的設計師，磨合幾遍也只能做到八十五分的效果。可是那僅微小的幾分之差，不值得合作夥伴整天為之提心吊膽。

其實蠻為他可惜的，眼看很多後輩要麼進入管理層，要麼自己拉團隊創業賺得盆滿缽滿，他卻還在原地踏步，做著那些初級設計師的工作，脾氣更壞，前路更窄。湖畔大學的梁寧講過這樣一句話：

才氣是最不值錢的東西。

而人無論滯留在哪個層級度過一生，其實都是因為吃不了其他層級的苦。一個人想要往更高的地方走，就必須要掌握更貴重的技能。比如可以控制自己、可以與人合作，讓自己的行為變得可以預料。生活不是拍電視劇，不需要那麼多人為製造出的波折和 drama（戲劇）。而我們想要的，歸根究柢，不過是安全感而已。

03 情緒不是假裝不在意就會消失

誠實的表述自己的感受，但不要變成對他人的攻擊。最好的關係，從不靠活埋情緒。

脾氣一向最好的小月發飆了。我剛走進辦公室就被同事一把拉住，朝小月的位置努努嘴：「勸勸？她今天不知道是怎麼了，跟她開了幾句玩笑，就生氣了，說我們不尊重她，這會兒哭了快兩個小時了。」

氣氛挺尷尬的，她趴在桌子上頭也不抬，坐在她周圍的同事剛被她指責一通，也不好意思開口搭話，我作為當時唯一不在場的人，便被委派了安慰她的任務。

我們坐在樓下的咖啡廳裡時，她的情緒已經平復了不少，腫著眼眶、紅著鼻頭解釋事情的原委：「我本來就不喜歡她們給我取外號，叫我胖月牙兒，昨天跟男朋友吵架，一夜都沒睡好，好不容易來吃個早餐，她們又說我吃得多，一下憋不住，就生氣了。其實平時她們也總是這樣說我的，今天是我不對，不該跟大家發脾氣。」

我問：「可是妳不想讓她們叫妳胖月牙兒，也不喜歡別人拿妳身材開玩笑，對嗎？」

她本能的點頭，又忙不迭的解釋：「大家也就是跟我開玩笑，我知道她們沒有惡意的，是我自己太小心眼了。」

對啊，玩笑的、調侃的、沒有惡意的。但那把**刀就算是沒開刃，捅進心裡也還是會疼**。而她的反應讓我蠻難過的，一邊捂著那處還在滴血的傷口，一邊還要教育自己：「妳怎麼能喊疼？太小題大作了吧。」然後掩埋好自己所有的介意和惱火，繼續做那個任人搓揉的老好人。

可是情緒這東西，只在於有沒有，而不論該不該。你以為自己可以把情緒活埋，殊不知即便是把它埋在內心的最深處，它也會長出有毒的藤蔓，在不知不覺中爬滿你的全身，將你變成一個行走的炸藥。一旦到了引爆點，轉瞬之間就會炸光自己辛苦經營的好脾氣人設（按：人物設定），還會落下一個「情緒不穩定」的評價。

觀察身邊的朋友，有時覺得蠻有趣的。**那些將「我不好惹」貼在腦門上的人，往往是最好相處的一群**，你清楚的知道他們的底線所在，而在底線之上的交往則非常安全。反而是那種看起來沒什麼性格，臉上總是一團和氣的人，特別難打交道。跟他們交往就像是在玩掃地雷遊戲，在點開那些小方格之前，你不知道最危險的地方在哪裡，可是一旦觸碰了地雷區，立刻就會引發大規模的爆炸，裡子面子雙雙受傷。

你覺得莫名其妙：「平時不也是這樣的嗎？怎麼偏偏今天發飆？」

他們也覺得委屈不已：「我已經忍你那麼久了，為什麼還要一而再，再而三的挑戰我的底線？」

但問題是，**一個人的情緒和感受，永遠無法透過隱忍和退讓來讓對方知道**。我是一個非常在意時間的人，每次跟朋友約吃飯，如果對方沒有準時來，我就會非常煩躁，見了面自然也沒什麼好口氣，可是那些遲到的人卻也常常覺得我莫名其妙。

「我不就是遲到了十分鐘嗎？你也至於？」

對啊，看上去的確是有點小題大作，所以我只能自己忍著。但情緒有時就像調皮的地鼠，你從這個洞把它壓下去，它又會從另一個洞冒出來，弄得我自己很痛苦，而對方的感受也好不到哪去。他並不知道是什麼惹惱了我，只覺得我這個人難以討好又吹毛求疵。

於是後來每次跟不熟悉的朋友出去玩，我都會提前老實的告訴他們：「我這人有個壞習慣，一旦有人遲到我就會特別焦慮和暴躁。明天請你準時一點。」

這句話聽上去挺奇怪的。但神奇的是，當我講出這句話之後，幾乎沒有再等過任何人。那些總是遲到的人，其實並不是要故意遲到來惹我生氣的。他們只是以為我也像他們自己那樣不在意時間，一旦確認了我的介意，他們就會在跟我交往時做出調整。早起半小時，早出發十分鐘，其實並不是什麼難事。最難的部分，在於了解。

認識的一個小姑娘跟男友異地戀，兩人常常因為女孩覺得「你不關心我、不夠愛我」這種事吵得不可開交。她來找我訴苦：「想要他說兩句情話，他說我幼稚；想讓他把我們的合照設成朋友圈封面，他說我無聊。

「我知道他忙，可是我要求得也不多啊，每天給我打個電話聊個十幾分鐘很難嗎？可是他就是做不到。跟他在一起，我覺得自己的一切感受都是錯的。」

這也太渣了吧，趁早分手。在她讓我看他們的聊天紀錄之前，這句話差點就破口而出，可是看了幾句他們的對話，我卻忍不住有點同情那個男孩。

她表達感受的方式是這樣的：「我們公司張姐的老公又給她買了一條施華洛世奇，你說你，錢沒賺到就算了，要你每天陪我聊會兒都不行……。」

「你肯定是嫌我沒你前女友好看才不敢發朋友圈的，對吧？我就知道你還沒有完全忘了她……。」

我作為一個局外人，只是看著這些聊天紀錄都覺得頭皮發麻壓力大，更何況是身處關係之中的那個人。很多人在表達情緒時都會陷入這樣一個誤區，總是**把「你」當作句子的主語**，而把「我」放到了非常被動的位置上。「要不是你……我能……」、「你這樣讓我特別難受……」、「你能不能不要……」。

他們以為自己在表達情緒和感受，可是**聽到這些話的人，則會把這些話當作攻擊**，於是他們也會本能的反駁：「是你小題大作了吧，誰知道你這麼玩不起，我又不是故意的，你至於這樣嗎？」然後兩個人的對話就由交流感受變成了證明「我對你錯」的論戰。

而**最有效的交流方法，往往是以「我」來開頭的**，比如：「我感覺你好像不太關心我，所以有點難過，我希望每天都能接到你的電話，這會讓我感覺你還是在意我的。」甚至可以帶一點自嘲：「我這人玻璃心啊，你們都別跟我開這種玩笑，不然我玻璃心碎一地你幫我撿嗎？」

誠實的表述自己，但不要把感受變成對他人的攻擊。最好的關係，從不靠活埋情緒。

04 你退場的姿態，就是你的格局

如何上場，靠的是本事，可如何退場，靠的卻是態度。離開，比第一印象更能證明你是誰。

一個做新媒體的小朋友剛離職不久，在微信上拜託大家幫忙問問有沒有合適的公司，想盡快入職。我跟小姑娘打過兩次交道，覺得她做事認真，能力也不錯，就把她推薦給這段時間合作的一個平臺。他們很快對接上，小姑娘歡歡喜喜的準備坐收入職通知，可是那家平臺的負責人卻偷偷來找我。

對方一開口就是致歉，說小姑娘很優秀，但跟他們公司的定位不大吻合，所以很遺憾不能錄用她。這明顯是個搪塞的藉口，在我再三的追問下，那位負責人才傳了幾張圖片給我看。

那是小姑娘吐槽前公司的朋友圈：「每天做到晚上九點，週休一日還要加班，十一點老闆還要奪命連環 call，完全沒有自己的生活，這不是工作，這是賣身！」、「不就是弄錯了一個文案嗎？還要扣我錢，這公司是窮瘋了吧。」、「老員工甩鍋（按：把過錯推到別人身上）新員工挨罵，呵呵，這就是我們公司的文化。」

連著好幾條，都是她離職之後發的，點讚的人不少，有人在留言裡打聽那家公司的名字，她也毫不遮掩，如實告知。

「妳也知道我們這行，本來做的就不是錢多事少離家近的工作，加班挨罵熬夜還不是常態？她要是哪天從我們公司走了，是不是也會在朋友圈把我們罵一通？」那位負責人無奈的嘆了口氣，「為了徵一個人，壞了公司的名聲，這責任我擔不起，請妳見諒。」

我表示理解，同時委婉的提醒小姑娘，最好能刪掉那幾條朋友圈，或者改成僅自己可見也行。沒想到她卻回得理直氣壯：「憑什麼呀？反正我都走了，受了那麼久的氣，說說還不行？」

對啊，反正都走了，沒人能罵你了。可是說了又能怎麼樣？除了嚇走潛在的雇主，難道還能等到前公司的一句道歉不成？

一個做互聯網的朋友，從畢業開始就在一家創業公司賣命，跟著老闆一路從三個人的臨時組合打拚到如今上百人的團隊，漂亮的完成了很多個盈利的專案。去年年初，公司拿到了第二輪風投融資，開始商量股權分配的問題，可是於公於私都該屬於他的那一份，卻無端的縮了水。

不是不委屈的，他跟老闆溝通了幾次未果，正好獵頭公司手上有一份更好的工作待遇，他便決定跳槽。有次我們吃飯，席間有同行的朋友聽說了他的遭遇，紛紛替他抱不平。有人出主意要他把公司的機密文件拷貝一份，作為自己去新公司的投名狀，有人主動提出在微博上替他曝光這家公司，要他趁早蒐集一些對自己有利的證據資料，到時候來個漂亮的反擊。

可是無論大家怎麼說，他始終擺手拒絕，說：「我一畢業就進入公司，從什麼也不會到現在能獨當一面，也是公司給我的平臺和機會。雖然這樣走了很遺憾，但也算是互相成全吧。」

他將所有與工作相關的文件歸檔整理好，手把手的跟繼任的人做好交接之後才走。他走的那天，老闆專程追出來遞給他一個沉甸甸的大紅包，他也笑著接了。那一點錢比起他應得的股權不過九牛一毛，可是那也不僅是錢，還是一個人的歉意和另一個人的成全。

他本來可以大鬧一場、可以抹黑公司、可以報復性的格式化那個存有很多原始資料的電腦，甚至可以像電視劇裡上演的那般具有戲劇性，當眾打開紅包把錢甩到老闆的臉上狠狠的出口怨氣。可是那除了證明他是個睚眥必報（按：「睚眥」音同「牙字」）的小人，又有什麼用呢？

他在新公司順風順水，幾乎是以開火箭的速度做到了部門總監，有次跟公司的CEO吃飯，感謝對方一直以來的提拔，而CEO一笑：「你知道嗎？其實我一開始並不敢把這麼多東西交給你，是○○○拍著胸脯跟我說你沒問題，○○○那是什麼人啊，能讓他說好的人，肯定得非常好才行，所以才讓你試試的，你果然沒讓我失望。」

而○○○，就是他前老闆的名字。這兩句簡單的對話，讓他嚇出一頭冷汗。原來CEO跟前老闆是認識的，原來他們真的會在背後談起他。**每個行業的圈子都比你想像中的要小得多**，正是因為如此，離開時才更需要體面。

前段時間看世界盃，被日本刷了一波好感。日本隊在跟比利時隊的比賽中落敗，止步八強，遺憾的離開了世界盃的賽場，鏡頭掃過日本的觀眾席，一片悲風苦雨。可是遺憾過後，他們還是堅持清掃了自己坐席前的垃圾才離去，而日本隊更是將更衣室都清理得乾乾淨淨才走，並用俄語在更衣室中留下一張小紙條：謝謝你。

我自認為不是個粗心草率的人，每次無論是看電影還是聽講座，總會記著帶走手邊的所有垃圾。但也有例外時，有次趁著出差的空檔去看了一場電影，身後一直有小孩子吵鬧，電影院裡冷氣也開得不足。熬完那場又悶又吵的電影，散場時看到前排被遺棄的很多垃圾，我也索性將自己手上的零食包裝放在了凳子下方，心裡惡狠狠的想：「以後再也不會來這家電影院了。」

因為再也不會來，所以才會生出不必負責的輕慢。我是那種**因為「反正不會再相見」而難免懈怠**的人，可有的人，卻是因為「反正不會再見」而更加認真的對待離別。**離開，**僅是不再相見而已？或許，那也是你能留給別人的最後，也是最好的印象。它**比第一印象，更能證明你是誰**。

我的一位朋友從小學芭蕾舞，老師教她們謝幕：腳尖要微微踮起，身體左傾三十度，鞠躬抬頭微笑眨眼，就連揮手的幅度都有要求。她不耐煩，屢屢在退場時隨便擺個 Pose 就算完事，被老師拉出來特訓謝幕三十次，她委屈的辯解：「大家都等著看下一個表演，誰會注意我們謝幕的姿勢好不好看？」

而她老師的那句話，她記了二十年：「如何上場，靠的是本事，可如何退場，靠的卻是態度。」

是啊，入場時，誰不是春風得意躊躇滿志，恨不得將最好的自己端著、捧著展示給人看。可是退場時，卻往往難免因為不會再見、不必負責而生出懈怠和輕慢。對於大多數人來講，那並不是不可為，而在於願不願意做。你離開時的姿態，就是對自己最好的證明。

是否願意在別人看不到的地方下功夫，才是一個人的素養之所在。那是一個人的選擇，更是一個人的格局。正如《史記》中的那句話：

善始善終，善作善成。

05 成年人的世界早已學會了強顏歡笑

成長，就是把哭聲調成靜音的過程。不是因為不再輕易難過了，而是懂得了自己的傷心無須他人的同情來安撫，也無須他人的勸慰來平息。

小姪女在遊樂場摔傷了腿，被哥哥背回家，一進家門立刻就嚎啕大哭起來，分散在廚房裡、陽臺上和書房中的我們立刻圍攏過來，你一言我一語的安慰她，小姪女卻哭得越大聲。她腿上的傷口不大，走了一段路早已不流血了，可這會兒卻哭得像個小淚人，誰也勸不住。

背她回來的哥哥又好氣又好笑，問：「妳剛剛摔倒沒有哭，一路回家也沒哭，為什麼回了家反而哭了？難道這會兒比剛才還疼？」

小姪女哭的眼淚汪汪，一邊抽噎一邊回答得理直氣壯：「剛才哭有什麼用？他們又不認識我。」

全家人爆笑。對啊，別人又不認識她，看見她受傷也不會心疼，看到她哭也不會安慰她，所以她憋了一路的眼淚，就是為了回家來討個關心啊。

我把這件趣事講給一位好友聽，她聽完卻長嘆一口氣：「真羨慕小孩子啊，可以這麼坦然的在親人面前傷心，到了我們這個年齡，連哭一場都得避開熟人。」

我們認識很多年了，她早先常常在電話裡崩潰大哭。可是這幾年來卻穩重平靜了很多，即便有時還是難掩哽咽，但再也沒有像之前那樣哭到說不出話來。我一度以為那樣的冷靜自持是一個人的成長，可是她說了這句話之後，我才忽然想到另一種可能。她只是不在我面前傷心了而已，在我看不見的那些深夜和陌生的街頭，她一定也痛哭崩潰過。

是從什麼時候開始，我們不再像小孩子那樣專程去挑與自己相熟的人訴苦了？我們變成了一個表面波瀾不驚、喜怒不形於色的大人，再難過再痛苦的事情，也只會自己躲著悄悄哭。

我剛開始寫公眾號時只有一些讀者，有次收到一條留言，說自己被相戀四年的男朋友劈腿，忍不住一邊想他一邊恨他，整個人像是被撕裂，每晚都痛苦得睡不著覺。那不是一個提問或者求助，更像是對著一個陌生的樹洞隨意的傾訴，而我看著那條留言，卻忽然發現對方的頭像和暱稱都特別眼熟。

那個女孩不就是跟我只隔了一個走道，每天低頭不見抬頭見的同事？可是她哪裡像是失戀了的樣子呢？照常來上班、照常跟大家開玩笑、照常發朋友圈，除了多了黑眼圈少了點笑意之外一切如常。

她留言裡的痛苦，彷彿來自另一個人。可是我能理解她，**在大家面前說出來，哭一場又能怎樣？**成年人的世界本就是甘苦自扛，或許真的有人會為你難過一會兒，可對於大多數人來說，**那不過是茶餘飯後的一個話題而已**：「哎，你知不知道，那個○○最近失戀了，怪可惜的啊，聽說兩人在一起好幾年了呢，怎麼說分就分了啊？」

比起失戀本身的痛苦，他人夾雜著同情看熱鬧的神情、探究的眼神和八卦的語氣，才是最不能承受之重。

一個相熟的姑娘跟我講起自己在辦公室崩潰的經歷，也是因為失戀，在全部門的例會上狠狠的哭了一場，結果第二天大家看她的眼神都有點怪怪的。並不是嫌棄的那種怪，相反的，更像是太過溫柔的遷就。

她們有默契的不在午飯時聊任何情情愛愛的話題，坐在她背後的大姐甚至體貼的藏起了自己桌上的結婚照。有位同事在午飯時不小心秀了一句恩愛，就立刻被周圍的人用眼神制止，而那位同事也立刻恍然大悟，尷尬的對她說了句對不起。

聽上去蠻溫暖的吧？可是當太多的溫暖堆在一個人的心裡塞也塞不下時，就會轉化成莫名的煩躁和壓力。

「就好像因為我在，其他人就得壓抑著自己的心情一樣。可是我不需要她們這樣做啊，她們這樣顧著我，我真的壓力好大，但是人家也是為我好，我總不能不識好歹的說你們別管我吧？」她說，「真的，這比失戀帶來的煩惱多太多了。」

一群人的小心翼翼，一個人的如鯁在喉。那是她最後一次在人前哭，之後所有的崩潰，都發生在四下無人的深夜或洗手間裡。這或許也是越來越多的人選擇獨自崩潰，或是對著陌生人流淚的原因吧。因為沒有聽眾，或者不知道聽眾是誰，就不需要擔心該如何去調整與他人的關係。

我沒有回覆那位同事的留言，也沒有在她面前提起過。我們都在有默契的假裝一切都好，她假裝沒有發生，我假裝毫不知情。她在午飯時莫名的紅了眼眶時，我也會打個哈哈：「妳最近看韓劇入戲太深了吧？」幫她把話題岔過去。

後來，她又交了新的男朋友，又開始化妝，開始穿顏色鮮豔的連身裙，開始在辦公室大笑。她大概已經不記得了吧，自己曾經在深夜手足無措的對著一個陌生人傾訴過。而我則默默的把她拖進了公眾號的黑名單，這個世界太小，而我永遠也不希望她發現那個人是我。一個人選擇悄無聲息的崩潰，已經是最後的體面，而我幫不了什麼忙，能做的只剩下成全。網路上有這樣的一句話：

成長，就是把哭聲調成靜音的過程。

不是因為不再輕易難過了，而是懂得了自己的傷心無須他人的同情來安撫，也無須他人的勸慰來平息。沒有什麼是偷偷哭一場解決不了的事，第二天依舊得披甲上陣，赤手空拳的去面對那魑魅魍魎。畢竟，過了今天，明天又是新的一天。

06 犯錯很容易，認錯很難

沒有人天生就害怕認錯，不過是被罰得太狠、太多，才會視之如同水火。

跟朋友去吃火鍋，身邊坐著一家人，有說有笑十分融洽，小女孩六、七歲的樣子，才吃了兩口就吵著要去門口的兒童遊戲區。服務員帶著小女孩出去，不到半個小時就垂頭喪氣的把女孩牽回來，身後還跟著一個抹眼淚的小男孩。

小男孩的爸媽氣勢洶洶的說：「你女兒把我兒子從溜滑梯上推下來，你們看，胳膊都磕紅了。」

「真的是妳推的嗎？」小女孩的父母立刻向女兒求證。

小女孩一開始不敢說話，被問了好幾遍才承認：「我只是想嚇唬他一下，我不是故意要推他的……。」

還沒等小男孩的父母開口，小女孩的爸爸就一把把她推出去，口氣無比嫌惡：「妳，快跟弟弟道歉，怎麼一點分寸都沒有？自己做的錯事自己承擔。」

然後……這對夫妻就繼續平靜的往鍋裡涮肉了。那男孩本來就沒受什麼傷，看見小女孩也哭成了淚人，他父母也不好再說什麼，只象徵性的叮嚀了小女孩：「以後玩的時候要小心點。」就帶著小男孩離開了。

這一吵鬧的動靜不小，就連坐在遠處的顧客也站起來張望。小女孩帶著滿臉淚站在原地，又是委屈又是尷尬，不知所措得手腳都沒處放，可是她的父母就是任由她窘迫了好一會兒才厲聲開口：「要是妳不聽話，以後犯錯我們都不管，就讓人家打妳、罵妳。」

「呵，這麼凶，這小孩以後還敢認錯嗎？」跟我一起吃火鍋的朋友吐吐舌頭。

認錯了又是挨罵又是挨打，要是下次她再有失手，估計是死也不會認了吧，反正兒童遊戲區又沒有監視器，不認的話反而能逃過一劫。我在一篇文章中看到過這樣的一段話：

做錯要承認，挨打要站穩，能做到這句話的人大概都是很幸福的。他們有站穩的底氣，因為還有人在關心他們挨了打疼不疼，支持他們改正錯誤繼續往前走。

他們永遠都不知道一個人孤軍作戰是什麼感覺，那是一條永無止境的高空繩索，必須時刻戰戰兢兢、必須時刻保持正確，你做得好，沒有人為你喝采，但一旦犯了錯，就會被全世界唾棄，跌入萬丈深淵。

我大學時有位同學，叫她Y吧。我們加入了同一個社團，又是同班，每天同進同出，關係好得像是連體人。大一結束時，社團要辦一個年終派對，我和Y還有另外兩個女孩一起負責統籌工作。總共幾十人，從形式到場地再到活動，樣樣都要費心，還要避開每個系、每個年級的期末考時間，我們既興奮又緊張，籌劃了好幾週才敲定了所有細節。

但執行計畫時還是出了小紕漏，Y在發簡訊通知給大家時不小心把南樓寫成了北樓，等發現時離派對開始只剩下了十幾分鐘。Y連忙又發了一條簡訊，可是還是有些人沒回覆。大家商量著派一個人過去那邊守著，看到來參加派對的人就把他們帶到這邊來。

「那Y妳過去吧，就當彌補過錯，可別把誰落在那邊了。」一個女孩笑嘻嘻的說。就是這句半開玩笑的話讓Y發了很大的火：「我彌補過錯？我發錯了地點，妳們不是也沒發現？怎麼就是我一個人的錯了？再說了，那天我編輯簡訊時妳一直在跟我說話，若不是妳搗亂我會發錯？」

眼看她們就要吵起來，我和另一個女孩急忙充當和事佬，最後決定由我和Y一起去接人。一路上Y都在跟我數落那個女孩的不是，外加翻來覆去不過是一句「我沒錯」。

說實話，簡訊上的一字之差根本就不算是什麼大事，可是Y不僅死不認錯，還百般狡辯甩鍋給別人，讓我對她的反應有點寒心。那天之後，我便開始慢慢疏遠她，等到了大四，我們已經成了見面只會點點頭的普通關係。我曾經一度把她這段甩鍋的往事當作人品問題，可是後來想想，卻也挺為她難過的。

她大概從來沒有被原諒過吧。在她小時候犯了錯，她父母是不是也會像我們在火鍋店遇到的那對父母一樣，既不顧她的自尊，也不接受她的解釋呢？大概從來沒有人跟她說過一句「錯了也沒關係」。別人做錯了總有人會兜底（按：保證負責），可是對於她來說，那就是萬劫不復。奇異（General Electric，簡稱GE）的傳奇CEO傑克·威爾許（Jack Welch）在自傳《致勝》（*Winning*）中講過這樣一句話：

不允許員工犯錯的企業是沒有未來的。一個好的管理者看到員工犯了錯誤，你不僅不能對他發火，還要去安慰他，並且讓所有人都知道你的態度。

根本就沒有任何一個人能夠做到完美，企業越是對犯錯的員工嚴苛，大家就越不敢犯錯，萬一不小心犯了錯就只能想盡辦法藏著掖著（按：害怕別人知道或者看見而竭力掩藏）、作假、串通，甚至不惜用一個更大的錯誤來掩飾自己的失誤。

哪有人天生就害怕認錯？不過是被罰得太狠、太多，才會視之如同水火。正如作家武志紅寫過的那句話一樣：

所謂認錯，也是要有容錯空間的，如果一個人一認錯，得到的回饋全是：你錯了，你該死，那麼認錯就是一件極其糟糕的事情。

越不被原諒就越偏執，越偏執就越不願意認錯，直到陷入一個惡性循環，眼睜睜的看著自己沉下去，再也回不到當初。而一個人真的會因為自己的錯誤沒被批評就心生僥倖，破罐子破摔（按：比喻做錯事，有了錯誤，不思悔改，索性錯下去，任憑事態惡化）嗎？他只會因為自己得到了理解，而努力想要做得更好。

07 成功的路很窄、很髒，你走不走？

如果不能成功，錢賺得越多你就陷得越深，因為你知道，哪兒、哪兒、哪兒都是人背地裡咒罵著你，等著看你笑話，你根本不能自由。

前幾天跟一個大三的女孩聊天，聊到一個挺沉重的話題：「這世上到底有沒有乾淨體面的成功」？

她跟我講了學校學生會裡的勾心鬥角、爬高踩低；講了開學時輔導員桌子旁大包小包的禮物；講了社團平時看上去最溫柔無害的女孩，怎樣利用別人的矛盾煽風點火，自己盡收漁翁之利。然後有點絕望的問我：「是只有學校裡這樣，還是職場也如此？」

我看著她那一句話想了很久，最終還是誠實且不能免俗的回覆了一個「always」。

她立刻發過來好幾張哭臉，說：「難怪人家說，成功要是有性別，它一定是母的，因為它不公。」

勤奮肯幹拚不過舌燦蓮花；做好百件事不如討好一個人；掏心掏肺的對一個人好，那個人卻能為了上位轉身就把你踩在腳底。而最讓人心寒的是，當那些人積累夠了原始資源，一躍成了世俗意義上的成功者，周遭的鄙夷立刻就會轉為讚美，那成功的金身足以將一個人手上的骯髒全部洗掉，換來一些人的頂禮膜拜和另一些人的心灰意冷。

認識一個男生，他朋友的朋友玩的一手好厚黑，在波詭雲譎的老牌國營企業裡也能混得風生水起。因為關係不近，生活裡也沒有太多交際，我們的對話坦誠又直接。

我問：「你坑過別人嗎？」

他答：「像我這種沒錢又沒背景的普通人，站穩腳跟都很難，更別說往上走了，你不去坑別人，別人也會來搞你。」

環境就是這樣，很多事，只是不得已。在見面之前，我早就已聽說了有關他的一些事情，比如他是怎樣以一個普通職員的身分迅速爬升為老闆的親信；比如他是如何逢迎拍馬在辦公室裡八面玲瓏；比如在評級升職的當口，他是如何「不小心」的讓老闆看到微信的聊天紀錄，擠掉了強勢但耿直的競爭對手。

那是很多有背景、有靠山的人都無法企及的成功，因此，我想像中的他一定也是春風滿面、洋洋得意的樣子。可是恰恰相反，他更像一個不開心的中年人，客套、俗氣又小心翼翼的揣摩每個人話裡話外有沒有弦外之音，大家聊起工作都興致勃勃，唯有他一聽到工作的話題就頭疼，早早就窩在一邊玩起了手機。因為所有的精力和心血都被消耗在權勢的勾心鬥角上，所以生活中才只剩下筋疲力盡。

那天聚會的八個人裡，只有他，年紀輕輕就身居高位，月薪傲人；但也只有他，已經有了油膩的啤酒肚，頭髮也稀疏，開始露出地方包圍中央的痕跡。我不知道有多少人會羨慕那樣的成功，卻無端想起新世相的公眾號裡發過這樣的一個問題：「如果通向成功的那條路很窄，又很髒，你走不走」？

走了，是馬入夾道，不走，是坐以待斃。無論怎麼選，都是被動的接招，而被動，就意味著不快樂。

前段時間看了一本小說，叫做《在不安的世界安靜地活》。書裡的女主角林墨一步一步的建立中國最具影響力的時尚雜誌品牌，經歷過版權爭端、朋友交惡、爾虞我詐之後，自己也成為了集團權力鬥爭的犧牲品，被迫離開公司另謀生路。她走時，很多合作夥伴和部屬都頂著新任老闆的壓力來跟她告別，而她講了這樣的一段話：

> 這是一個不體面的世界，你想要在這個世界長長久久的立足下去，唯一的辦法，就是讓自己體面的活。在我們這個行業，不體面能活嗎？能！這圈子裡翻臉快、脫衣服更快的女主編多了去了（按：很多），可那只是賺錢，那不是成功。
>
> 錢能為你買到大房子、大車子、大皮草，讓你往那一站金光閃閃，但如果不能成功，錢賺得越多你就陷得越深，因為你知道，哪兒、哪兒都是人背地裡咒罵著你，等著看你笑話，你根本不能自由，除了抓住眼前的一切死不放手，你別無他法。

你抄過捷徑，你登上頂峰，但你在途中失去的東西，有時要用一生去還。財經作家吳曉波在《大敗局》一書中，寫到了太多這樣的案例：「空手道」高手牟其中試圖用滿嘴大話和空頭支票騙取投資，最後所有的目標無一實現，自己也鋃鐺入獄。

姜偉的飛龍公司作為一家保健食品龍頭企業，竟將一家他國公司的發明性商品的「漢字譯音」搶註為自家的商標，鑽品牌的漏洞以搶占市場，不出三年便一敗塗地，公司也隨之解體。

巨人公司斥巨資抹黑競爭對手娃哈哈，同時罔顧科學依據，不斷誇大自家保健食品的服用效果。當年年末就不得不召開記者會公開向哇哈哈道歉，因為官司纏身，最終成了強弩之末。

有時候覺得成功真像是一門玄學。開始時靠手段，然後靠才華，可到了最後，拚的卻是人品和格局。缺乏手段和才華，可以借時光和機遇來彌補，可若是丟了格局，就早已註定了最後失敗的結局。

你是挖空了心思去爭權奪利，還是絞盡腦汁的提高自己？心思花在哪兒，精力用在哪兒，回頭看去，每一步都有跡可循。正是那些不起眼的舉動和選擇，決定了你最終的能夠達到的高度。正如日本漫畫《銀魂》中所說的那樣：

一旦邁出第一步，愛也好，恨也好，都只能用戰鬥來表達，眼前出現真心想要的東西，也沒有了可以擁抱的手臂，只能伸出利爪。

這才是成功最大的公平。

08 放手，爸媽才會開始獨立

付出關心，也給予自由，允許他們闖些小禍，但也有能力踩下煞車，讓他們開心的做自己。

前幾天跟一個姑娘聊天，挺感慨的。她是家中獨生女，畢業後留在上海，父母留在家鄉的四線小城（按：縣級市、縣城等，例如：桂林、開封）裡，每天以跟鄰里親戚打牌為樂，兩老自覺十分充實，她卻已經在家生了好幾場氣。

「他們養老金本來就沒多少，每個月還要在牌桌上糟蹋，自己縮衣節食的，我看著也難受。每個月給他們貼補。我薪資也沒多少還得租房子，他們怎麼就不為我考慮一下？也不是不讓他們娛樂，我早就給家裡換了彩色電視、買了智慧手機，他們為什麼就不能像其他老人一樣，看看電視、滑滑手機、跳跳廣場舞呢？」

我反問她：「他們每次輸了都會向你要錢？」

她想了想：「那倒也沒有，老人家的牌局輸贏不大，他們自己也負擔得起，可是我總不能看著他們省吃儉用無動於衷吧。」

就為了這件事，她跟男朋友也吵了一架，男友勸她少管家裡的事，她卻覺得他不體諒自己對父母的孝心。這些憤懣兜兜轉轉的落到了一個問題上——如果他們不打牌，那該有多好？

於是她更加頻繁的回家，每次回家都會更激烈的跟父母吵鬧，他們之間的關係越來越緊張，可是她父母對牌局的興趣，卻沒有減少的跡象。

她無計可施，只好來找我求助，我幫她分析：「妳父母雖然愛打牌，但其實並沒有造成任何超出承受能力之外的損失，老年人本來對吃喝要求就不高，花錢買個開心也未嘗不可。他們既然沒向妳開口，妳又何必一定要主動給錢，把自己弄得那麼緊張，落個出力不討好呢？」

「對，我也知道這個道理。」她秒回，「但我真的做不到。那是我爸媽，明知道打牌不好，我怎麼能不管他們？」

這句話讓我一瞬間有點出戲。那太像是一個母親對孩子不厭其煩的教導了吧？別跑太快、別吃甜食、別跟同學打架、別跟那個〇〇〇玩、別學那個沒前途的才藝、別跟他結婚……那也全都是「為你好」啊，你又欣然接受過嗎？

曾經綁架過你的，又被你無意中拿來束縛他們，不知不覺間，聽話的和說話的兩方，早已顛倒。美國心理學家 Frank.S.J 曾經提出過這樣一個概念：

一個人想要走向獨立，不可缺少的第一步是對父母的「去理想化」。

這個概念有以下三個延伸：

1. 知道父母並不是無所不能的，他們有缺點也有優點。

我們在童年時就能模糊的認識到父母的局限，比如媽媽不會彈鋼琴，爸爸也摘不下來天上的星星。但這種認知很容易走向另一個極端。**當我們意識到父母並不是「無所不能」後**，往往又會覺得他們「啥也不能」。沒有A的父母那麼有錢，沒有B的父母那麼有知識，沒有C的父母那一口流利的倫敦腔。

這種嫌棄往往會以一種自卑的形式呈現，**久而久之，就會演變成一種自毀性的戾氣**：反正我也沒希望了，那還是別努力了吧；他們也沒什麼了不起，不過就是有個好爸媽。

如果一個人遲遲意識不到父母的缺點，他就永遠長不大，但如果一個人總是看不到父母的優點，那他也無法成為一個獨立的人。

2. 允許自己無法滿足父母的某些要求。

電影《登峰造擊》（*Million Dollar Baby*）中有這樣的一個情節，熱愛拳擊的女主角拿到了艱苦比賽的高額獎金，她欣喜的用這筆錢給母親買了新房子，滿心想著要給她驚喜，沒想到母親在環顧四周之後忽然氣急敗壞的說：「妳知不知道，妳買了這個房子我就拿不到政府的低收入補助了？」

女主角拿著鑰匙的手顫抖了幾下，原本的欣喜雀躍迅速蛻變成黯淡絕望。我們之中的很多人也是這樣的吧，將自己的情緒甚至努力的意義都寄託在父母的評價回饋上。得到了讚揚就喜不自勝，可是一旦沒有得到想要的回饋，就會立刻感到悵然若失。

而**走向獨立，就意味著你要為自己的情緒和生命負責，意識到自己無論多麼努力也無法滿足父母所有的期望**。即便他們沒有給予你正面的回應，也不會讓你所做之事的意義減少半分。

我認識一個女孩就做得特別好，她是復旦金融系的高材生，還申請到了華盛頓大學的全額獎學金，可是研究所畢業之後，她並沒有如父母所願進入投資銀行、諮詢公司這種大型的企業，而是跟男友一起跑去南非支教，還創立了一支慈善基金。

她父母氣得要死，覺得她特別丟臉，讓他們在同事熟人面前挺不起腰桿，每次打電話都是從頭到尾的數落，甚至還以斷絕親子關係苦苦相逼。

說真的，做慈善的壓力並不小於做金融精英，我為她能扛得住這些艱難困苦和冷嘲熱諷敬佩不已，直到有次在她朋友圈看到一句話，忽然就明白了她的通透。

「如果我沒辦法讓父母滿意，那就讓我自己滿意吧。感謝父母給了我生命，但是我不只是為他們而活。」

3. 接受父母的世界不是圍繞你而轉的。

有不少讀者問過我這樣的問題：「我爸媽吵架了，我該怎麼勸他們？」、「我爸好像有外遇了，我要怎樣才能挽回他跟我媽的感情？」、「我不希望爸媽離婚，怎麼辦？」這些問題聽起來蠻心酸的，不用細想就能感覺到螢幕那頭的心急如焚。可是我也只能鐵石心腸的回一句：「不要管，除非有一方動了粗，除非他們主動來問你。」

天下沒有任何一個孩子願意看到父母吵架、爭執乃至離婚。但在婚姻中，孩子是局外人，夫妻雙方才是婚姻的主體，他們選擇用什麼方式相處，選擇延續這段感情還是結束它，都是那兩個主體的選擇，而不是孩子的。有的小孩會用「你們再吵我就離家出走」、「你們敢離婚我就跳樓」之類的威脅來逼父母就範。這種方法在短時間內會奏效，可是然後呢？

等你走出家門，有了自己的生活，甚至也成了家之後，你還有那麼多精力來管父母之間的事嗎？而他們又如何來應對那些曾被你狠狠壓住，卻從來沒有機會被解決的矛盾呢？你的世界裡不只有父母，他們的世界裡也不只有你啊。

除了是你的父母，他們也是誰的丈夫、誰的妻子、誰的摯友和誰的牌搭子。就像他們曾經放過你一樣，也請「放棄」他們吧。付出關心，也**給予自由，允許他們闖些小禍**，但也有能力踩下煞車，讓他們開心的做自己，而不是你所期望的那個人。

因為**最好的關係，從來不是捆綁與約束，而是互相守望，彼此獨立。**

09 趁年輕，理直氣壯的不開心吧

當一個人開始學會用「關我屁事」和「關你屁事」來衡量一切時，他就已經告別了那個不開心的自己。

想讓一個年輕人開心，好像越來越難了。房價漲了，連帶各大一線城市的房租也水漲船高，生活品質不進反退，生活窘境就快要從買不起質變成租不起了。擠不上地鐵一號線，每個週末都在加班，跟不喜歡的同事虛與委蛇。老闆總是在九點之後打電話安排工作，準備考證的教材永遠沒時間看，頂著幾千月薪熬出的熊貓眼，在公眾號上又看到同齡人融資一個億。

就連再小一些還在上學的年輕人也一樣，我在公號後臺收到過太多的「不開心」，有關失戀、成績、同學口角、親子關係。

這一屆年輕人好像什麼都有了。有淘寶、有微信、有外賣、有專車、有各種能幫你消磨時間的手機應用軟體（App）。但又好像什麼也沒有。沒錢、沒愛情、沒目標、沒動力，也沒安全感。當林林總總的「有」遇到空空蕩蕩的「無」，就像是一縷熱氣飄散在雪地，又像是一顆糖融化在浩瀚的大海。

幸福和快樂也是有過的，但總是不夠。因為我們想要的是所有，我們在乎的是一切，我們好像過得還不錯，但我們不開心。

前段時間出差，在飛機上遇到一個小姑娘。女孩很年輕，最多也就十八、九歲的樣子，飛機剛起飛沒多久，就毫無徵兆的開始痛哭。她哭得那麼傷心，鼻涕眼淚齊流，連肩膀都在顫抖。我跟鄰座的一個姊姊連忙安撫，小姑娘痛哭半晌，開口時仍然忍不住抽噎：「我最喜歡的CP（按：Coupling，配對）剛剛分手了，我喜歡他們好幾年了，真的好難過啊……。」

那一瞬間，我彷彿從鄰座的姊姊臉上看到了被雷劈中的神情。「還以為多大的事呢。」她搖搖頭，迅速調整好座椅，從背包裡掏出電腦開始運指如飛。我用餘光看到她打開的檔案，上面有密密麻麻的數字和金融術語。而那個痛哭過的小姑娘，還在事無大小的跟我科普自己喜歡了多年的那對CP，說著說著還忍不住唉聲嘆氣：「他們怎麼就分手了呢？為什麼就沒能走到最後？」

而我坐在這樣的兩個人中間，無端想起了我剛剛畢業，每天都特別累又特別沮喪時，有位前輩跟我說過的一句話：「能沮喪就沮喪吧，就連不開心，也是年輕人的專利。」

怎麼不是呢？**只有年輕人才敢把七情六慾都掛在臉上**。為了一場考試掉淚、為了一、兩句話賭氣、為了不知道喜歡的男生有沒有注意到自己的新髮型而惴惴一整天、為了漲五百元的房租在朋友圈哀號。那的確是十幾二十歲的專利啊。

你能想像林黛玉到了三十歲時還動不動對花落淚、對月傷心嗎？那種敏感而易碎的七竅玲瓏心，只是年輕人的標配（按：基本的裝備）。一旦過了二十五歲，脆弱就是錯誤，敏感就是矯情，交不起房租叫活得失敗，在意別人的反應叫做幼稚。

用不著別人議論指謫，到了這個年齡，你自己就會點醒自己。**因為成年人不是那樣生活的**，他們的武器是獨立、是堅強、是實際、是滿不在乎到幾乎沒心沒肺的佛系。當一個人開始學會用「關我屁事」和「關你屁事」來衡量一切時，他就已經告別了那個不開心的自己。

不會再因為一次的輸贏而懊惱；不會再因為老闆的一句話而忐忑整晚；不會再因為自己在朋友心中排不到第一而耿耿於懷。你的生活已經沒有容納這些小情緒的空間了，你還有開不完的會，加不完的班和做不完的PPT。你總會明白嘆氣沒用，唯一的出路在於解決問題。我喜歡作家韓松落寫過的那句話：

一個人年輕的標誌就是在乎。在乎一場演出的勝負、在乎掌聲、在乎自己在舞臺上好不好看、在乎自己喜歡的東西有沒有得到別人的肯定、在乎夏天有沒有看到螢火蟲。他們在乎的對象其實都很小、很不起眼。但在年輕人那裡，那就是天，每一次在乎未遂都天崩地裂。

你看，就連為了一點小事崩潰，那也是年輕人的權利。成年人怎麼敢崩潰？你的肩上，扛著所有的生活。所以，趁還年輕時，不開心得更理直氣壯一點吧。不要急著擺脫它，也別總是因為不開心而懷疑自己。那些不開心的時刻，才恰恰是你與生活搏鬥過的證據。後來的那些堅強、那些執著、那些獨立與灑脫，其實都是不開心的產物。就像德語詩人里爾克（Rainer Maria Rilke）《給青年詩人的信》（*Briefe an einen jungen Dichter*）中寫到的那樣：

讓你覺得難熬的都是那些時刻。

那些新的，陌生的事物侵入我們的生命，我們的情感蜷伏於怯懦的、局促的狀態裡，一切都退卻，形成一種寂靜，於是這無人認識的「新」就立在中間，沉默無語。

可是一旦這些事物邁入你的生命，最難熬的就已經過去了，在未來還沒有發生之前，他就以這樣的方式潛入我們的生命，在我們的體內變化。

因為所謂命運，就是這樣從你的「裡面」出來的，而不是從外面向你走近。

6

為愛而活，因痛而成長

哪有誰真的天生卑劣？不過是從來不曾擁有愛和尊嚴，所以才不懂得珍惜。

01 一個人最好的樣子，一定是被愛出來的

人距離天使只差一步之遙，那叫做「被愛」的一步，才是人生的真正開始。

前段時間去一個姊姊家做客，因為有點正事要談，她就讓家裡的保姆把五歲的小兒子帶到客廳去玩。她常年奔波在出差的路上，孩子久不見母親，根本不聽保姆的指揮，一次次推開書房獻寶：「媽媽妳看我撿的樹葉；媽媽妳看我折的紙飛機；媽媽妳看，我會把手指掰成這個樣子……。」

剛開始，她還勉強能分出精力敷衍兒子兩句，但思路總是被打斷確實會讓人感到煩躁，當小男孩第N次衝進書房時，她終於忍不住，沉下臉狠狠的罵了他：「都告訴你了媽媽在工作，為什麼一直搗亂？都讓阿明姊姊帶你去玩了，你怎麼還不聽話？你這樣一點也不可愛，知道嗎？」

小男孩手裡捏著一個黏土做的小動物，臉上的興奮猶在，嘴角卻傷心的耷拉（按：「耷」音同「搭」，下垂的樣子）了下來，委屈巴巴的辯解：「可是妳都不愛我，我可愛給誰看？」

當他的順從、乖巧都不為她所見時，除了不斷的搗亂和折騰，他還能怎樣讓母親再多

看他一眼呢？

認識一個女孩，是超級沒有安全感的那種類型，就連跟女性朋友相處，也常常會為了「妳說我是不是妳最好的朋友」，或者「我約了妳三次，妳卻沒找過我一回」這樣無厘頭的小事耍性子鬧彆扭。

她談過幾場戀愛，幾乎無一例外的都被自己的小題大作而沒了，這些頻繁的失去又加重了她的疑神疑鬼，即便是聚會時大家聊到一個她不了解的話題，她也要落淚：「你們是不是都不喜歡我了？我是不是多餘的？」

怎麼說呢，女孩子過了二十歲，這樣的性格總是不夠討喜的，再濃厚的情誼，也抵不過那一次又一次的抱怨和懷疑、莫名其妙的崩潰與傷心。後來聚會時，大家就開始有意無意的避開她，再後來又心照不宣的封鎖了她的朋友圈，偶爾有人提起她，也不過是搖搖頭，半是無奈半是感慨的嘆聲氣。

就這樣了吧，所有人都以為那就是她的一生。後來她又談了一場戀愛，男方是親戚的朋友的親戚介紹的老實人，兩人相處了好幾個月確立了戀愛關係。聽跟老實人同公司上班的朋友講，老實人常常把女友的好掛在嘴邊，今天誇她溫柔有度量，明天說她獨立堅強。就是有種情人眼裡出西施的濾鏡吧，大家笑笑，誰也沒當真。

我再次見到這個女孩時，已經差不多是一年之後了。她跟老實人已經開始論及婚嫁，兩人手挽著手走在街上，看到我們，老遠就熱情的招手：「好久不見，一起喝杯咖啡？」一半為了敘舊，一半出於八卦，我們在一家冷飲店坐下。老實人馬不停蹄的幫我們點餐、拿甜點，她坐在那兒，笑嘻嘻的看著他跑前跑後。挺驚訝的，真的。若是在以前，你要是不先跟她打招呼，她寧可假裝不認識你，目不斜視的任你們擦肩而過。

她從前的男朋友但凡敢對席間的哪個女孩笑一笑，立刻就會換來她含嗔的淚眼：「是不是因為她長得好看，你就不喜歡我了？」相識六年，這樣的大方和爽朗，眉間眼底的自信與平靜，還從未在她的臉上見到過。像是一隻發怒的貓被捋順了皮毛，終於收斂了一身煞氣，溫柔的伏於那人的肩頭。

不是不好奇的，幾個人開始旁敲側擊的打聽他們的戀愛史，她絲毫沒有秀恩愛的欲望，只簡單的說了幾句兩個人相識的過程就羞澀的低下了頭。老實人坐在一旁，看向她的眼睛裡滿是寵溺，輕輕覆上她的手背：「我女朋友，不管什麼都好。」

我在那一瞬間讀懂了她的改變。他堅定的愛意像是她的後盾，讓她第一次知道，無論自己跌落何處，都有他的雙手來支撐。當她的好與壞統統落入他的眼中，而他只是默默接受時，她就不想壞了，只想做他眼中最可愛的那個人。

我很喜歡的一部電影，叫做《放牛班的春天》（*Les Choristes*）。那是一九四九年的法國農村，音樂家馬修去了一所男子寄宿學校當助理教師。學校裡風氣極差，校長只顧著自己的前途，動輒就體罰學生，學生們早已習慣了校長的殘暴，於是變本加厲的頑皮，成了附近出了名難纏的問題兒童。

這個學校中的所有人都陷入了一個怪圈，校長越殘酷，學生就越搗亂；學生越頑皮，就越得不到喜歡和尊重。

而馬修的出現改變了這一切，他來到學校之後，並沒有像校長一樣繼續用高壓的手段來管教學生，相反的，他努力的保護著孩子們的自由和自尊心。

印象很深的是這樣一個場景：班上的唱歌天才莫翰奇有著最好的聲音條件，但性格乖戾，不僅屢次搗亂，甚至還因為誤會，用墨水砸了正在和他媽媽聊天的馬修。

馬修本想將他從合唱團裡開除，但是在給伯爵夫人表演時，他還是選擇讓莫翰奇參加了，而站在合唱團中的莫翰奇，眼中頭一次流露出了驕傲和喜悅，還有深深的感激。哪有誰真的天生卑劣？不過是從來不曾擁有愛和尊嚴，所以才不懂得珍惜。

一個人最好的樣子，一定是被愛出來的。他並不是因為可愛才被看到，而是因為先被看到、被接納、被喜歡，才有力量一點點變成可愛的人。正如豆瓣上那句熱門的短評：

人距離天使，只差一步之遙，那叫做「被愛」的一步，才是人生的真正開始。

02 你會為戀愛做出什麼瘋狂的事？

我們學會了太多種愛：理智的、獨立的、成熟的、清醒的，卻無法再像從前那樣，炙熱而瘋狂的去喜歡另一個人。

跟前輩因公出差，途中正在聊著最新的提案，被忽然闖進視野的一個男孩打斷。男孩看上去最多不過十五、六歲，還穿著學校的校服，在二十二度的車廂裡出了滿頭的汗。或許是意識到自己的冒失，他往後退了一步才訕訕的開口：「大哥、大姊，能不能請你們幫個忙？我女朋友今天生日，能不能在本子上幫我寫一句生日祝福？」

我因為那句嘴甜的「大姊」運筆如飛，前輩卻有心逗他：「你女朋友生日，你就準備送她這個？」

他絲毫沒聽出前輩話裡的揶揄，認真的回答：「嗯，我準備集齊六百六十六個生日祝福送給她，六是她的幸運數字，我已經收集五百多個了，只要車上的人再幫幫忙，一會兒一定夠。」

他腳不沾地的前後奔波，遇到一些戒心重不肯幫忙的，還要費盡口舌的解釋。我倒水時又遇到他，順口問：「祝福賺夠了嗎？」

「嗯，終於夠了，謝謝你們，她一定會很高興的。」他說。顧不得擦把汗、喝口水，就忙著從書包裡掏出一個精緻的盒子，將手裡的本子放進去，神情鄭重，視若珍寶。

「小孩子真是幼稚啊。」前輩低聲揶揄，「還高興，我真是怕他女朋友被寒磣（按：丟臉、不光彩）得要分手。」

我反問他：「那你紀念日一般都怎麼過？」

「還能怎麼過？給錢、買花、五星酒店自助餐，總不外乎這些，我們都這個年齡了，誰還在乎那些虛頭巴腦（按：不實在）的花架子。」

「那再年輕一些時呢？初戀時呢？」我追問。

「記不得了。」他沉默了很長一段時間，這麼說。

我有個關係很好的女性朋友，上大學時談的第一場戀愛，男朋友愛吃葡萄，卻嫌去葡萄籽和葡萄皮麻煩，於是她每天去水果店裡買好水果，一整個中午都趴在桌子上，仔細的剝了皮，拿牙籤把葡萄籽一個個剔出來。宿舍裡有人午睡，拉著厚重的遮光窗簾，而她就在那漫漫的黑暗裡，靠著螢幕的一點光，靜默而耐心的給葡萄去皮、去籽，剝滿一個大飯盒。

後來他們沒有在一起，一年之後，她遇到了自己的真命天子，談戀愛時不是不甜蜜，就連結婚後也時常在朋友圈裡秀恩愛、撒狗糧。

有次我們去她家聚會，買了很多零食和水果，她老公順口抱怨：「葡萄真是麻煩，皮那麼澀籽那麼多，真不好吃。」

她斜睨他一眼，順口說：「就你挑，一會兒我去樓下給你買無核的紅提（按：別名紅地球葡萄）行了吧。」

他老公回她一個膩死人的微笑，我卻在瞬間想起那個坐在黑暗裡借著螢幕的微光，每天耐心的剝出一個飯盒葡萄的小姑娘。她很愛他，但**成年人的愛情裡已有了太多的理智、分寸和自我**，也學會了「能用錢解決的問題，最好別浪費時間」的真理。

那一年夏天的葡萄，大概是她在愛情裡做過最投入也最傻的事了吧。人生那麼長，不是學不會放下，不是不會喜歡上另一個誰。只是我曾給過你的，再也無法贈予第二人。

有次聚會玩真心話大冒險，真心話的話題是：「在戀愛時做過什麼瘋狂的事情？」

有個男生講起自己的初戀，兩人初中同校，高中時女孩轉學到了另一個城市，坐火車要四個小時，學生時代兩個人都沒有多少錢，摳摳巴巴的從早餐裡節省著往返的火車票錢。可是賺夠一張往返的車票需要好幾個月的時間，他等不及，於是常常買那種坐到中途站的票，然後走五個多小時的路去女孩的學校找她，在路邊聊上一夜，之後再走五個小時的路坐車回學校，趕週一的課。

現在那女孩的長相都已經想不起來了，只是覺得那時候的自己真是厲害，走那麼長時間的路，熬一夜，回學校還要補作業做試卷。

「現在可是加班兩小時都要擔心脫髮的中年人了，傷不起。」他有點自嘲的笑了笑，「後來也談過好幾次戀愛，一次比一次冷靜，有時候覺得是不是缺了點什麼，但有時候又覺得，這樣平平淡淡才是普通人的生活。」

是啊，**我們本是普通人。可是第一次動心時，卻覺得自己是超級英雄**。電影《一天》裡有這樣一句臺詞：

我愛你，很愛你，我只是不喜歡你了。

或許就是這樣一種感覺吧。我們依然會為誰輾轉反側、依然能跟誰把酒言歡、依然會為誰洗手做羹湯、依然能跟誰細數日月長。但再也不會為了誰坐八個小時的火車、不會為了誰摺一千隻千紙鶴、不會光著腳冒雨趕去見另一個人。

我們學會了太多種愛：理智的、獨立的、成熟的、清醒的，卻無法再像從前那樣，炙熱而瘋狂的去喜歡另一個人。這是成年的福祉，也是長大的代價。曾在網路上看到一句很動人的話：

世間情動，不過盛夏白瓷梅子湯，碎冰撞壁叮噹響。

後來我們嘗遍了世間美味，也早已忘了最初那盞酸梅湯。

03 親人尚且這麼壞，外面一定更危險？

越是沒被愛過的孩子，就越難以跳出痛苦的陷阱。比起方法論，更需要的是勇氣與決心，也只有身在局中的人，才知道該如何破局。

張愛玲的《金鎖記》裡，寫了一個叫曹七巧的女孩子。她是麻油店的女兒，被貪圖權勢的兄嫂做主，許配給了身患骨癆（骨結核）的姜家二少爺。二少爺常年患病，在大家族裡地位不高，七巧常被富家出身的妯娌嘲笑，就連姜府裡卑微的丫鬟都敢對她出言不遜。

大概是明白了周圍所有人都靠不住，七巧開始瘋狂的斂財炒金，為了黃金，她跟妯娌吵架，跟兄嫂大鬧，就連面對心上人姜家三少爺姜季澤時也是斤斤計較，步步算計。

讓我印象很深的片段是，七巧的兄嫂來看她，一邊順手牽羊的從她屋裡拿走不少值錢的東西，一邊還得意洋洋的邀功：「我就用妳兩個錢也是應該的。當初我若貪圖財禮，問姜家多要幾百兩銀子，把妳賣給他們做姨奶奶，也就賣了，妳如今哪有這個地位。」

七巧潑辣，當時就跟哥哥鬧了一場，但即便如此，她還是給兄嫂送了厚禮：幾件新款尺頭（按：綢緞衣料）、一副四兩重的金鐲子、一件披霞蓮蓬簪、一床絲綿被胎，姪女們每人一支金耳挖，姪兒們或是一支金鐲子、或是一頂貂皮暖毛，還送了她哥哥一支琺藍金蟬打簀表。

我幾年前第一次看這本小說，有點想不通，那時姜家已經開始沒落，又加上兵荒馬亂，以七巧一貫鐵公雞的個性，如何捨得拿出這麼豐厚的家底？如果只是為了炫耀，那讓兄嫂眼睜睜的看著卻不讓他們得到，難道不是更痛快的報復？

後來閒來無事又翻這本書，看到七巧雖然嘴上說著：「不來也罷，我應酬不起。」卻還是在兄嫂臨走時難忍嗚咽，分明有留戀之心，才想通她出手如此大方的原因。

她的一生那樣冷酷無情，對丈夫、對姜季澤，甚至對自己的子女都如此，可她卻把唯一的溫柔與暖意，都給了曾經傷害過她、將她視若交易籌碼的家庭。那是她不能揭過的暗瘡，也是她的軟肋，是她恨之入骨卻又無法割捨的陰影。

我的一個朋友是妥妥的學霸一枚，畢業季聘用書拿到手軟，卻在眾多橄欖枝中選擇去南非的一家工廠裡做翻譯。她來自遙遠的江西農村，家裡不算富裕，還有一對兄弟。在上學時，她就每個月把打工和實習的大多數收入都寄回給家裡——弟弟要交補習費、哥哥跟人打架傷了人要賠錢、懷孕的嫂子需要補充營養……只留下很少的錢自用。

外派不僅補助高，還包吃住，而更誘人的，是簽下那一張五年期的合約後，公司會先預支十萬元的薪資，正好夠她家裡的老房子翻修。剛開始她並不想去，南非那麼遠，她孤零零的一個人，工廠時常有罷工甚至暴動，從職業生涯上來看，這份工作也沒有什麼可圈可點的加分項。但她那微薄的堅持，耐不住家裡奪命連環 call 的軟磨硬泡。

有天我們一起在陽臺洗衣服，她手機響了，剛接通就聽到她爸的怒吼：「妳說，把妳養這麼大有什麼用？還不如養頭豬賣了換錢。」

我找了個藉口出去，回來時她正在收拾東西，眼睛紅紅的，說決定要去南非。這還遠遠不是結尾，她每次打電話找我聊天都會哭，寂寞、恐懼、單調且壓力大的工作，讓她在視訊裡看起來比同齡人蒼老很多，而我每次都只好安慰她：快了、快了，馬上就能回來了，再堅持三年、兩年、一年……。

就是這樣苦熬著的五年，給家裡換了房子、車子，給哥哥的房子交了頭期款。眼看合約馬上期滿，離回國就差一個月了，她卻又跟公司續了五年的合約。原因跟之前的大同小異：弟弟要結婚了急需用錢，哥哥要生第二胎，現在的房子太小，要換一間三房的新居。

我氣炸了：「妳家就是個無底洞，妳要填到什麼時候才夠？當年修房子好歹算是不得不的需求，如今改善生活還要靠妳？妳哥哥、弟弟都是成年人，需要用錢自己不會去賺？妳好歹也為自己想一想行不行？」

她在電話那頭還是哭，翻來覆去就只有一句話：「我就這麼幾個親人了，怎麼能不管他們？再怎麼說，他們也是我的哥哥和弟弟。」

在那一瞬間，我想起了曹七巧。一樣的能幹、一樣的無奈，也一樣被家裡人吃定。比起財富上的缺失，內心的乾涸才是最可怕的貧窮。正如閆紅（按：「閆」音同「顏」）老師寫過的那段話：

> 若一個女孩生在輕賤女性的家庭，她可能就會以為這是理所當然，更要命的是她會

覺得，**親人尚且對自己這麼壞，外面一定更危險**。這也許是最澈底的摧毀，它不但剝削你、奴役你、打擊你，還讓你心甘情願的維護這個體系，誰要是對它不利你就跟誰急。

二十世紀末，美國的心理學家做過這樣一項實驗：把小白鼠放入一個帶電擊的盒子，幾天之後將這個盒子和另一個不帶電擊的盒子連接起來，讓小白鼠可以自由的在兩個盒子之間往返，同時啟動電擊。被電擊的小白鼠會毫不猶豫的退回最熟悉的，那個帶電擊的盒子，而不會去選擇另一個陌生但安全的區域。

這個實驗得出一個結論：當小白鼠處在極度警醒的環境下，它們會極力避免任何激發各種生理或心理反應的新的可能性，即使這種新的可能會使它不再被電擊。

在已知的痛苦和未知的焦慮中，一次次選擇已知，進而掉進一個惡性循環，一遍遍的重複熟悉的痛苦。人比小白鼠高明太多，但在這一點上，又與它何其相似。**越是沒被愛過的孩子，就越難以跳出痛苦的陷阱**。

一直被輕賤，所以不懂得自己的價值；承擔太多焦慮和壓力，所以更懼怕改變、懼怕新奇，本能的認為外面的世界更加危險；哪怕被身邊的親人不斷的打擊、蔑視甚至壓榨，都會覺得那是唯一可以倚仗的東西。

因為它是熟悉的。熟悉到成為一種本能，就能連它帶來的苦難都讓你甘之如飴。更遺憾的是，想要改變這種本能，僅靠局外人無關緊要的一、兩句話是不行的，這註定是一個會刺痛也會受傷的過程，比起方法論，更需要的是勇氣與決心，也正因為如此，只有身在局中的人，才知道該如何破局。

只願你得到過很真很甜的愛，若是沒有，那麼願你有很多很多的勇氣。

04 接受不完美，擺脫愛無能

愛情是互動的關係，而不是一個人的獨角戲，它的成功與否，並不取決於「妳是誰」，而是「妳願不願意看到對方的需要」。

同事姊姊跟我聊起自己的小表妹，一聲長嘆，怒其不爭。她表妹跟我同齡，馬上邁過二十五歲的門檻，眼看就要以光速奔向三十歲了，還是每天只會跟她哀嘆：「好想有個男朋友。」

話聽得多了，她也上心（按：放在心上）起來，從公司裡的單身男同事到朋友圈裡發展得還不錯的老同學，再到同事的妹妹的朋友，紅娘做了一次又一次，人情也欠了一大堆，可表妹倒好，折騰了一大圈，最終卻還是獨身一個。

每次相親都去，每個男生都見，跟幾個人曖昧過一段時間，甚至還跟其中的一個談了快半個月的戀愛。但也只有快半個月而已，然後表妹就又宣告了單身，繼續在微信上對她狂轟濫炸：「姊，給我介紹個男朋友⋯⋯。」

她崩潰了，跑來跟我吐槽：「不是嫌A薪資低就是嫌B太張揚，C多好的一個金融海歸男，她說人家太死板，給她介紹了個陽光大男孩D，她又挑剔，覺得人家不穩重。

「就那個好不容易談了快半個月的，兩人出去吃飯時為吃火鍋還是西餐吵了兩句，妳說這又是多大點事啊，她就說感覺不對，鬧著分了手。」

我心有戚戚：「懂，特別懂。」

我認識的很多女孩都是這樣，整天喊著「好想交個男朋友」，但也就只是說說而已。寧願刷抖音也不願跟對面的男生聊天；不願意麻煩別人，也不想被別人的情緒打擾；一遇到小齟齬、小爭執，想的不是如何溝通、如何解決問題，而是告訴自己「隨緣吧」。會心動，但總難以持久。想展開一段戀情，卻沒有接納他人的能力。心理學上有個概念叫**「愛無能」，指的是一個人對於深刻的、需要相互交流的情感不感興趣或無所適從**。

在「愛無能」患者的眼裡，愛情裡的糾纏、妥協和互相了解都太可怕了。她們眼中的完美愛情，是《戀與製作人》（按：一款手機遊戲）裡只要花一點錢就能得到的四個大帥哥，和輕鬆的召之即來揮之即去的甜蜜浪漫。他們迴避矛盾、迴避承諾、迴避更深一層的試探與接觸，像蝸牛一樣，只願對著虛空伸出觸角，一旦碰到點什麼，就會立刻縮回。

但很少有人會意識到這是自己的問題，更多的人，則是像同事的小表妹一樣，永遠都在尋找「更好的另一半」或是「更合適的那個人」。心理學家弗洛姆（Erich Fromm）在《愛的藝術》（*The Art of Loving*）中寫過這樣一段話：

絕大多數人認為，什麼都不用學就能愛。認為愛是個對象問題，不是能力問題。很多人覺得，愛很簡單，難的是找到自己有能力愛也會被對方愛的合適夥伴。

彷彿真的有那樣一個天造地設的靈魂伴侶，擁有八塊腹肌、顏值逆天，能讀懂妳的每一絲情緒，跟妳有著完全相同的品味和愛好，能為妳拋家捨業只為博得美人一笑。想像越完美，現實越不堪。而她們把愛情不成功的原因歸咎為「沒有遇到對的人」或者「都是我自己不夠好」。

有的女孩讓我覺得蠻心疼的。她們固執的認為沒有遇到真命天子都是因為自己不夠優秀，於是在職場上拚命努力，下了班也積極健身認真閱讀，專心致志的讓自己變得更好，卻因為**太專注於「我夠不夠好」，反而不大有精力去關注別人**。以至於明明有人曾被那樣的優秀吸引，卻又被優秀背後深藏的自戀推開。網路有個這樣的段子（按：指有某種特殊意味或內涵的一段話語）：

> 女神晚上打電話要我去她家修電腦，我去了一看，這也太簡單了，十分鐘解決完，回家夜宵都還沒涼呢。

評論區一片「實力單身」、「注孤生」（按：形容不擅於變通、不解風情的直男，單身不是沒有原因）的調侃。但仔細想想，那不就是每天喊著「想要交男朋友」卻從來不願抬頭去真正看一眼對方的妳？

愛情從來都是互動的關係，而不是一個人的獨角戲，它的成功與否，並不取決於「妳是誰」，而是「妳願不願意看到對方的需要」。這才是一段感情中最磨人，但也最寶貴的東西，走進戀愛大門時是妳和我，出來時才能成為我們。

愛有時靠天賦，但它首先是選擇。我們不是生來就懂得如何去愛一個人，如何去處理這段關係中的矛盾。但很吊詭的一點往往又是，在關係中出現的問題，只能透過關係來解決，妳永遠無法透過理論規避掉愛情中出現的一切問題。下一次當妳想要逃開時，不妨先問問自己這幾個問題：

1. 我給我的愛情設定了什麼條件？

它必須要完美無缺嗎？它只能成功不能失敗嗎？我需要靠它來維護面子嗎？還是希望它能夠支撐起我生活的全部意義？很多時候，逃避並不是因為不想要，反而是因為把它看得太重，才會束手束腳。

2. 我有沒有嘗試過表達真實的感受？

我們害怕表達自己的感受，因為那意味著自我暴露，意味著會有被反駁、被忽視，乃至被踐踏的可能。明明有好感，卻故作矜持的不理不睬；希望對方送自己回家，卻嘴硬的堅持「我不需要你」。美國作家芭芭拉．安吉麗思（Barbara De Angelis）在《如何在愛中修行》（*How to make love all the time*）一書中說：

如果內心的愛走不出去，別人的愛也進不來。只有學會掌控與人溝通的能力，才可以讓愛天長地久。

承認自己的需求、憤怒、恐懼可以讓別人很快知道妳想要什麼，也會讓妳的另一半感到被尊重、被欣賞。而每當妳說：「我不需要你，我不需要任何人。」時，其實是在讓心牆變得越來越厚。

3. 對於處理戀愛中的麻煩，我是不願意還是不能？

很多時候，當我們搬出「愛無能」的標籤來形容自己時，其實都是把它當成了擋箭牌，彷彿一旦有了這個標籤，自己所有的逃避就都能變得有憑有據。

但是對大多數人來講，「缺乏愛的能力」並不是因為童年的創傷或者舊愛的陰影，而是因為自己每做一件事之前都想得太多：我投之以木桃，他會不會報之以瓊瑤？如果他不會，那我豈不是很丟臉？如果他會，我又要怎麼做？好麻煩啊，還是算了吧……然後，就沒有然後了。

發現自己有這種想法時，不妨先問問自己：「我是無法承受這樣的麻煩，還是不願意處理這樣的麻煩？如果是前者，我需要什麼能力？如果是後者，我應該如何平衡得到和給予？」妳可以給自己貼上或者撕掉這張標籤，也可以給自己設置愛情的底線，主動權永遠在妳自己的手中。但無論如何，別不戰而逃。

05 別老是拿父母反對當理由

一輩子安全的人，一輩子長不大。生活最致命的痛苦，在於為成為自己而奮鬥，但，它總是值得。

週末去一位朋友家玩，一開門就看見她眼眶紅紅的，聲音嘶啞：「剛跟我媽吵了一架，氣死我了，本來還想要先打掃一下屋子，也沒心情。」

我對她那一地的狼藉早已習慣了選擇性無視，她一邊在沙發上扒拉出坐的地方，一邊跟我吐槽：「我昨天才出差回來，累得要死，想說妳們今天要過來玩，找個家政先把屋裡收拾一下。我媽一聽說我要花錢請人打掃，立馬把我罵了一頓，連敗家女這種話都說得出來，妳說氣人不氣人？」

「那阿姨人呢？買東西去了？」我問。

她被我問得一愣，隨即才反應過來：「哪兒啊，我媽她在老家呢，她沒來。」

我覺得好笑，問她：「人都沒來妳們吵什麼？妳一週的出差津貼夠請一個月的家政了，這點小事妳自己都不能做主？還得讓妳媽寫個意見書？」

「也對啊。」她一拍大腿，「就是習慣了，之前在家做了那麼多年的乖乖女，做什麼事都要爸媽許可。長大離家了、經濟獨立了，可之前的習慣還是改不了，**只要父母不點頭，就本能的覺得這事不行。**」

有個讀者跟我講過這樣的一件事：她在火車站遇到一個乞討的老人，就把身上的五元零錢給了對方。就是這樣一件小事，她告訴媽媽後被數落了兩個多小時，兩人越說越僵，最後還吵了一架。

「那種人一看就是騙子，這種當妳還上，是不是傻？」

她鬱悶的跟我吐槽：「我也知道她很有可能是個騙子，可五元而已啊，就是騙子又能怎麼樣？我從大二開始就做兼職，賺的錢雖然不多，但拿來做每個月的生活費倒也綽綽有餘，我們家又不是那種特別窮困的家庭，真不知道她在計較些什麼。明明是做了好事，被她這麼一攪，弄得像壞事似的，特別沮喪。」

我問她：「既然妳覺得自己是做了好事，又能承擔起『即使被騙』的最壞結果，能不能說服妳媽，讓她認可妳，真的有這麼重要嗎？」

像個初次去遊樂場的小朋友，身在廣闊而斑斕的環境中，又驚喜又惶恐，每走一步都要回頭看看父母，看到他們的笑臉和讚許才能放心的向前走。我們早已過了那樣稚嫩的年齡，可是尋求父母的認可和首肯，卻成了長大後也戒不掉的習慣。

「我想去北京，但是我爸媽不答應。」

「我想換工作，可是說服不了我媽，所以一直湊合著。」

「我媽不同意她做我的女朋友，說她家裡沒錢。」

說時亦是情真意切的痛苦，埋怨父母不夠支持、不夠民主，可對於成年人來講，生活並不是事事都需要父母的首肯。太多時候，是我們自己的決心不夠堅定、勇氣不夠充足，才會半推半就的將「決定」權交還給父母，也順帶給自己生活中的不如意找了代罪羔羊。

一個女孩在公眾號後臺留言給我，說自己太過內向，身邊一直沒什麼朋友，上了兩年大學，除了同班同學和室友幾乎一個人都不認識，看著其他人都去參加社團、晚會和各種活動，覺得自己很孤單。

「那妳為什麼不去喜歡的社團嘗試一下？又不會有什麼損失。」我問。

「我面對陌生人不知道該說什麼，怕說錯話被人家嘲笑。」她說，「我爸媽也沒有社交的習慣，下班都是回家看電視、做家務什麼的，所以我從小這方面的能力就很差。」

可是然後呢？社交既然是一種能力，就是可以被訓練和培養的，曾經的不懂不會不擅長，並不能成為一個人故步自封的藉口。跟陌生人搭訕，妳有五〇%的可能性被冷落，但也有五〇%的可能性會獲得一個同樣友善的笑臉。機率上不過如此，阻止妳邁出那一步的並不是「不可能」，而是踏入陌生世界的不適感。

很多人都在抱怨原生家庭的種種，而我很喜歡心理咨詢師李松蔚講過的那句話：

看見即改變。

當你意識到原生家庭有問題時，其實你已經跳出來了，你看到過其他更好的可能，才會察覺到問題的所在。但很多人在看見之後依然無法擺脫原生家庭，其實是因為無法擺脫舊有方式帶給自己的安全感。我們習慣沿襲父母為人處世的風格，因為我們曾經目睹過它無數次的重複，它帶來的後果和結局是可以預見的，因此，即便是面前擺著一條更好的道路，我們依然會選擇退縮，因為陌生本身就等同於不安全。

可是要有所成長，有時就必須去體驗這些「不安全」、去嘗試、去建立新的可能性，從過去走出來。我喜歡茱蒂絲・維奧斯特（Judith Viorst）在《失落之必要》（*Necessary Losses*）裡寫到的那個片段：

> 我渴望自己能夠得到她的愛與認同，但我也渴望自由和自主。成長中所遭受的痛苦使我認識到，我無法獲得自己所渴望的一切。
>
> 當我的母親責怪我說：「妳為什麼不聽我的話啊？我都是為妳好。」我搖搖頭，彷彿要劃清界限似的回答道：「讓我來決定什麼對我有好處。」

跟父母真正的分手，並不僅是從家裡搬出去自己賺錢這麼簡單，也是擺脫對安全感的依賴，擺脫對父母給予的肯定、讚揚和認同的依賴。感恩且平等，尊重但獨立。並沒有多難，並不需要太多技巧，最需要的不過是真正做好準備的你。準備好受傷、準備好受挫、準備好在想要縮回去時推自己一把。一輩子安全的人，一輩子長不大。生活最致命的痛苦，在於為成為自己而奮鬥，但，它總是值得。

06 別讓「人家的孩子」打擊你

你的優秀從來不是拿來換取認可的商品，它也不應當是你的全部。容許自己不去做那個「人家的孩子」，才是對自己最溫柔的放過。

小表妹今年大學畢業，拿著簡歷愁眉苦臉的找我修改。我一臉黑線的看著面前那張只有半頁內容的A4紙，上面乾巴巴的寫著幾句「本人有團隊合作精神、吃苦耐勞」，問她：「妳大學生活不是挺豐富的嗎？怎麼會沒得寫？」

「那妳覺得我能寫什麼？」她反問我。「獎學金沒拿過一等；實習沒去過五百強；在學生會才做到小部長；自己弄的那個廣播臺，到現在還只有幾百個關注；參加的創業競賽就只得了個銀獎。看上去什麼都做了，可是什麼都沒做好。」她長嘆了口氣。

妳不能這樣想，我開始給她出主意：「二等獎學金一個班也不過五個，妳這就贏了八五%的人，而且妳同時還去實習、參加學生會，這是多方面的發展；廣播臺聽眾雖不多，但妳堅持了兩年多，這是韌勁和抗壓力；創業競賽雖然沒拿第一，但也學到了許多商業知識。」

「不行、不行。」她連忙搖頭，「這就是忽悠人，我騙不了自己。」

「怎麼是騙自己呢？獎學金是妳拿成績換來的，實習是妳自己爭取的，廣播站是妳一個聽眾、一個聽眾積累出來的，有哪一樣是瞎編的？」我問她，「妳明明已經很優秀了，為什麼這麼沒自信？」

她苦笑：「就是覺得自己不夠好啊，我媽總說我不如別人家的孩子，我還不服氣來著，原來是真的啊。」

「妳還不夠好？還有哪個別人家的孩子能超過妳？」我隨口接了一句。

她盯著我看了好一會兒，眼神複雜：「妳啊。」

我險些吐出一口老血：「拜託，妳媽可是連妳畢業的成績平均積點（Grade Point Average，簡稱GAP）比我當年高了零點幾分都能來我家嘮叨十幾次的主兒，妳哪期節目她不在人前單曲循環幾十遍？就妳那幾張證書，她一年能展示無數次，她會覺得妳不行？開什麼玩笑。」

她也跟著我笑，眼眶紅紅的。

「姊妳知道嗎？我媽她從沒誇過我，從小到大，一次都沒有。」

前幾天看到一個綜藝節目，叫《少年說》。還在上中學的小姑娘袁璟頤在勇氣臺上，一邊哭一邊對樓下的母親控訴：「妳總是在說我，為什麼妳成績這麼差？看看妳們班吳笛，人家年級第一，各種都好厲害，她怎麼會選妳做朋友。為什麼我的努力，妳從來都看不到？」

她媽媽回答：「我認為妳的性格就是需要打擊，不打擊妳的話，妳就可能有點飄

（按：輕浮、不踏實）。」

這也太熟悉了吧，我們幾乎都是在這句話中長大的孩子。叫爺爺啊，妳看人家妮妮嘴多甜，妳咋就這麼呆；考試進步了別高興得太早，妳離第一名還差三十五分呢；找到工作了也別得意，公司是不是五百強？年終獎金有沒有隔壁○○○高；妳看人家○○○廚藝多好，妳生活能力怎麼這麼差，連餃子都不會包。

我們的父母跟袁璟頤的媽媽一樣。一邊不遺餘力的傷害她，一邊苦口婆心的說這是為她好。哪怕像我姨媽那樣，背著表妹把她誇得天花亂墜，**當面也絕不肯稱讚一句**，怕她飄。可是對一個人的喜愛和認可，真的會讓她停下腳步嗎？

她只會跑得更用力而已，因為是你讓她知道，她這麼做是有意義的。心理學家叢非從在《自我成長的力量》中寫過這樣一句話：

不要擔心人會沉淪，人在安全的狀態下，本能就是活出自己，就是上進，而不是無止境的退化。

我有位做老師的朋友曾跟我聊起她班裡一個出了名難搞的「問題少年」。各科作業是從來不寫的、上課從來不聽，要他在教室外面罰站，他就索性跑到操場上去玩，不及格的考卷從來都是看也不看直接揉成團扔進垃圾桶裡，軟硬不吃，油鹽不進。

可是這個男孩的爸爸又是學校的副校長，被各科老師告狀告得狠了，往往直接在辦公室把孩子海扁一頓，一頓打的效果勉強能維持兩天，到了第三天，便又故態復萌。

那是她畢業之後帶的第一個班，臨近考試，她每天放學後都會把他叫到辦公室單獨補課，而他說：「老師，妳對我好是為了討好我爸吧？妳別打這算盤了，只有雙百才能讓我爸高興。但妳看我這樣子，也不是每次都能考出雙百的料子吧？別白費功夫了。」

她說：「那一瞬間，我知道了他這麼叛逆的原因。」因為無論怎樣努力，也不可能每次都考雙百，永遠無法讓父親滿意，索性破罐子破摔，以此來逃避失望的鞭笞。

是啊，**比起自己的失敗，來自父母的失望才最傷人**。你去愛別人家的孩子吧，我不需要了。雅基・馬森（Jacqui Marson）在《可愛的詛咒》（*The Curse of Lovely*）中寫道：

> 年幼時，別人對待我們的方式，與我們對自己的認知有著密切的聯繫，如果我們是一直被愛著的、被認為是值得的、被認為是可愛的，我們就會逐漸形成「自己是可愛的」的認知。
>
> 相反的，如果我們得到的愛是需要付出很多努力才能得到的，我們就會以為，「我」本身是不可愛的，「我」是因為做了什麼事才被人愛，我一旦停止這樣做，現在得到的愛也會隨之消失。

那個得到又失去的過程，就是他的不能承受之重。為了逃避失去的痛苦，他便直接選擇不得到。那樣就不會失望了、就不會痛苦了、就不用自我懷疑了。認定自己是個不可愛的壞蛋，也總好過一會兒被視若珍寶、一會兒又被棄如敝履。而這種評價體系上的偏差，常常會伴隨人的一生。這也是在打壓式教育下長大的孩子，要麼乖戾暴躁，要麼小心翼翼的原因。

他們拚命的想要證明自己的優秀與正確，卻又因為擔心無法永遠保持優秀與正確，而顯得戾氣十足、患得患失。所幸的是，人的一生中，能接觸到的人並不只有父母。一個人走出家門的那一刻，就是他重塑自我之時，那刻在骨子裡的自卑、惶恐和不信任，雖然不是一、兩句話就能抹去的裂痕，但至少有了被自己看見的可能性。而看見的一刻，就是改變的開始。

你的優秀從來不是拿來換取認可的商品，它也不應當是你的全部。容許自己不去做那個「人家的孩子」，才是對自己最溫柔的放過。

07 人情債與被喜歡

一個人被喜歡，首先就在於「有用」。既然有用，就必然要被人用，唯一的區別只在於對方的請求是否是你力所能及的。

跟一位讀者聊起有關人際關係的話題，她向我坦白了一個「祕密」：「我特別怕別人對我好，尤其是那種沒理由的好，每當有人對我示好，我都忍不住猜他是不是想從我這兒交換什麼？感覺自己挺壞的、特別自私、特別陰暗，總是從這種有點齷齪的陰暗角度揣摩人，萬一是我自己多心呢？」

我秒懂她的苦惱，那也是支配過我很多年的有關人情的恐懼。

那是小學四年級，學校前一天放學時通知調課，可小學生嘛，一到了放學時間就立馬切換為左耳進右耳出的瘋魔狀態，以至於第二天上課時，全班帶對課本的人不到一半。我坐在第四排，看著班導的臉像月蝕一樣一點點黑下去，她從第一排第一個人開始逐個檢查課本，每個拿錯的都被拎出來罰站。

我眼淚都快出來了。我是班長，班導要是知道連我都沒帶課本一定會很失望吧，如果她要我也一起罰站，那多沒面子啊。眼看班導就快要走過來了，我的同桌也是一個小女孩，她一把把自己的書皮撕下來，把書推到了我的面前，衝著我眨了眨眼。

結果自然是她被罰站，我僥倖逃過一劫，甚至還成了班導口中「乖孩子」的模範。我感激得要命，把她當作我最好的朋友。如果這件事到這裡結束，那大概就真的是兩個小女孩純真無邪的童年友誼了。

我清楚的記得那是一節早自習，數學老師忽然殺進來要我檢查大家的作業，聲稱所有沒寫完作業的同學今天都必須叫家長到校。我一個個看過去，老實的打下勾勾和叉叉，直到走到她跟前，她用手捂著作業本的一半，衝我幾不可見的搖了搖頭，低聲說：「別忘了我是怎麼幫妳的。」

是啊，她幫過我。所以她眼中除了一點懇求之外，更多的是理直氣壯。我像一隻被捏住翅膀的蟬似的僵在原地，時間只過去了幾秒，對我而言卻像是一個世紀。她看著我在那張表上打下一個鮮紅的勾，滿意的衝我笑了起來，那笑容彷彿會說話。

我就知道，妳不會讓我失望的。可是我讓我自己失望了啊。我原本以為自己特別公正、特別鐵面無私，可是我卻為她破了例。有這一次，就還會有下一次、再下一次，沒完沒了。

大概是從那個下午開始，我忽然明白了一個很令人沮喪的人生道理：**人情就像是誘餌，貪吃一點，終生嘴裡有鉤**。不出意外的，我長成了一個特別害怕背人情債的人。

室友回老家帶特產給我，我在網路上偷偷的查好價格，然後隨便找個藉口，送一個價值差不多的給她；同學幫我在圖書館占了座位，我就迫不及待的去幫她裝水；同事搬新家，送了我兩個家裡擺不下的大花瓶，我週末就跑去商場給她買禮物慶祝喬遷之喜。

表面上看來禮節周全滴水不漏，但我知道，我只是有點害怕而已。我怕他們有朝一日也會說出：「別忘了我是怎麼對妳的。」所以才想趕在他們開口之前，把所有的人情債都還清。可是最頭疼的人情不是來自身邊的熟人，而是一些突如其來的善意。

比如我在公眾號的說明裡寫了自己的微信號，常常就會有讀者來加我好友。有的人來提問、有的人來傾訴、有的人打個招呼便默默的圍觀我的朋友圈。我最怕的，其實是有一類讀者，好友一通過就甩來一個紅包：我好喜歡妳。

不點吧，不給面子；點吧，又真的有點擔心。他是真的喜歡我，還是也想從我這得到什麼？會不會求我幫忙改稿子？會不會要我幫她介紹○○○？會不會問我一些關於「怎麼註冊公眾號」這樣的既沒含金量又浪費時間的小白（按：「白目」與「白爛」的合稱）問題呢？

我常常會因為這樣的一件小事猶豫很久。既怕是自己把別人想得太壞，又怕自己只是在自作多情。可你也知道的吧，有些事你越是怕，就越是來得頻繁。朋友圈求讚、求拉票、求幫忙給編輯說情上稿、求把一篇一千字的書評改成一篇六千字的拆書稿。

每當這個時候，我都恍然間彷彿回到了四年級的那一天，又尷尬、又委屈、又憤怒。恨不得包個更大的紅包砸回去：你的喜歡你自己收好吧，我要不起。

這種狀態持續了很久，直到有次跟朋友聊天，被她狠狠的笑話了一通。

「人家也就是一問，不行就不行嘛，一句拒絕的事，用得著直接絕交嗎？再說了，人家不就是衝著妳的關係和能力才喜歡妳？要妳幫忙介紹個編輯改個稿子，也算不上多過分的要求吧。不然以妳這個長相和身材，人家到底為什麼要喜歡妳？」

我竟無言以對。雖然很想掐死她，但我知道她說得對。**當我想要迴避人情時，我迴避的其實是「拒絕」**，為了不拒絕別人，我乾脆就不給他們開口的機會。這樣一來，我就還是那個「好人」。

我也很清楚，一個人被喜歡，首先就在於「有用」，無論是物質上的幫助、關係上的提攜，還是心靈上的共鳴，誰不是因為這些「有用」才去喜歡一個人呢？既然有用，就必然要被人用，唯一的區別只在於對方的請求是否是妳力所能及的。

人情是不是釣餌，其實最終的決定權始終是在妳自己的手中的。妳想硬凹完美無缺的小公主人設，妳想假裝溫柔體貼、有問必答的知心姊姊時，它就是鉤。**但當妳誠實的面對自己的過錯，尊重自己的原則、時間和能力範圍時，它就什麼都不是**。

做餌的不是虧欠，而是妳希望自己去扮演一個妳根本無法成為的那個人。坦然接受別人的好意，盡自己所能的慷慨付出，從容的承認不能與不想，友善而不帶敵意的去拒絕，這才是通暢無阻的相處之道。在這條路上，你我皆是學徒。

08 從孤獨中勝出的祕方

我們都是假裝害怕孤單的人。當我們試圖逃避孤單時，我們真正想要逃開的，是隱藏在那個標籤之下的虛弱、失敗、不被理解和無力感。

跟一群朋友聚餐，不知道是誰挑起孤獨的話題，說起那句在傳聞中百戰百勝的搭訕法寶：「你表面看著挺開朗的，其實也會覺得孤獨吧。」

無論男女、無論年齡、無論職業，孤獨兩字像是個無往不勝的殺手，所經之處無人能敵。我第一次體會到被孤獨打敗的滋味，是在大學畢業之後的第一年。在那之前，無論是住在家還是住在宿舍，哪怕沒有人說話各自忙碌，都會讓人有種踏實的安全感。

可是一個人的生活將這一切統統打碎，取而代之的，是一種說不清道不明的怨念。有覺得自己混得好失敗，想吃火鍋都沒人陪的鬱悶；有加班到十點，聞到別人家飄來的煙火香氣的歆羨；有冬天出差回家，只能面對冷鍋冷灶的委屈；還有比如燈泡壞掉、馬桶漏水、炎夏深夜空調吱呀一聲停掉等小事帶來的無力感。

它們有一百種擊垮我的方式，以至於讓我常常很情緒化的被一對手挽手在社區花園裡散步的背影感動得熱淚盈眶。打破這種狀態的是一個聖誕節，社區附近的商場早早就掛起了彩燈和聖誕樹，可是我那天卻正好感冒，吸溜著鼻子抱著杯熱水，聽著咫尺之外的歡聲笑語，覺得自己特別慘。

想著、想著，又從這種自哀自憐中生出一種莫名的恐懼，不久前看過的新聞像泥鰍似的從腦中一閃而過：萬一我對這種感冒藥過敏呢？萬一過敏得特別嚴重呢？萬一窒息了呢？萬一窒息了都沒人發現怎麼辦？越想越怕，越怕越覺得自己可憐，於是我果斷開始自救，立刻打開微信找人聊天。有位不太熟的同事住在附近，我們聊了一小會兒，她問我：「要不要出去轉轉？」

我當然忙不迭的答應，然後我們就在「去哪兒」這一點上進行了一場長達一個多小時的討論。去市中心？回來交通管制會不會不方便？去公園？聖誕樹好像也沒什麼好看的。去商場？要不要看電影？看完電影要不要吃飯？要吃火鍋還是壽司？吃火鍋的話，還要不要洗頭？要不要化妝？

我托著手機的小指都隱隱的感覺到了疼痛，眼看著聊天紀錄刷了一屏又一屏，忽然就生出一種莫名的疲憊感。在一個我們倆都陷入沉默的當口，我試探著問：「要不咱們改天再約？這會兒外面到處都是人，開車也不方便。」

「好的、好的。」她秒回我，附上一個如釋重負的笑臉。她大概也在後悔那句邀約吧，**我們口口聲聲的說著害怕孤單，最怕的其實還是麻煩**。

我有一個女性朋友，人生最大的煩惱是沒人陪她吃飯。她是那種就連喝杯咖啡都要人陪的女孩，把一個人吃飯當作人際關係上的災難，就連上大學時吃五元一碗的蓋飯也要呼朋喚友，占滿一張六個人的大桌子才算滿意。

我曾經親眼目睹過她的怕。有次跟朋友聚餐，見她一個人坐在角落，就想著過去打個招呼。我從她背後走過去，聽到她正在跟誰講電話，用那種有點嬌嗔的語氣說：「你再不來我都吃完了。」

我站了一會兒，聽她還沒有掛斷的意思，想著就先打個招呼然後回去，剛拍了下她的肩膀，就被她像救命稻草一樣拉住：「妳陪我坐一會兒，坐一會兒再回去吧。」

而她一直放在耳邊的手機，卻始終是黑的。那大概是一通從來都不存在的電話吧，她靠著自己與自己的對話暗示著所有人：我可不是一個人哦、我是有人陪的、我人緣很好的，一點也不孤單。我在那個瞬間讀懂了她的恐懼：她必須先是有人陪的、受歡迎的，才能是成功的。**她怕的從不是孤單本身，而是別人眼中她的形象**。

你看，我們都是假裝害怕孤單的人吧。當我們試圖逃避孤單時，我們真正想要逃開的，是隱藏在那個標籤之下的虛弱、失敗、不被理解和無力感。可消化這些情緒又是你與自己的鬥爭，它無法靠逃進一個集體、一個懷抱就不戰而勝。

與自我作戰是一場太過艱苦卓絕的鬥爭，以至你有時會主動以孤獨為名把自己藏起來。藏在朋友圈裡、藏在各種交友軟體裡、藏在一切能夠快速跟外界產生一點聯繫，讓你獲得些許「關聯感」的社交平臺上，彷彿每刷新一次，你都能過得充實一點。可然後呢？

快感過去之後，你還是不能從中獲得理解，確認自己的存在。一遍遍的刷新載入只會讓生活更加無聊孤單，那些看似抄了捷徑的方法像是一堵牆，擋住了你真正的解脫之路。

勝出的祕訣從來不在於別人，而在於你自己，在於你是不是足夠了解自己，有沒有強大到只忠於內心，能不能跟人建立起真實有效的關係。

它在於「給」而不僅是「得」，在於「創造」而不僅是「接受」。我很喜歡那句形容孤獨的話：

孤獨兩個字拆開，有孩童、有瓜果、有小犬、有蚊蠅，足以撐起一個盛夏傍晚的巷子口。

那是很美、很熱鬧的孤獨，但願你能享受。

09 聰明人最容易犯的錯，就是不夠勇敢

人生就像暗夜趕路，你永遠不知道下一腳踩中的是水窪還是土地。你邁出的每一步，都是運氣和努力制衡的賭局。

第一次聽小U講起想跳槽的念頭，說來已經是兩年前了。她在一家事業單位做行政，負責記錄考勤、整理資料、給各科室送文件的輕鬆活。剛工作時還覺得新鮮，但時日一長，整個人便像是冷藏室裡被無聊慢慢腐蝕的一顆鮮橙，以肉眼可見的速度失水乾癟，每一天都比前一天枯萎一點點。

她就是在那個時候動了轉行的念頭，大小聚會都少不了一通拜託：「要是有合適的機會，能不能推薦一下我？」

她上學時是學霸，能力智商大家都有目共睹，畢業那年以全市第一名的成績奪下了這份羨煞無數人的「錢多事少離家近」的鐵飯碗。她既開了口，便有不少人主動幫她介紹工作，可機會到了面前，她卻總是猶豫。這家公司開的薪資比我現在還低啊，我跳過去房貸怎麼還；朝八晚六哎！無形中每天就多工作兩個小時，再加上來回通勤，半天就沒了；這

家公司是家族企業吧？人際關係肯定很複雜，在這種環境下工作肯定特別累人。

橫著比薪資福利，豎著比工作難度，斜著比通勤時間和年假天數，一通比較下來，竟沒有哪個能在各個維度完勝她現在的工作。漸漸的，她便不再念叨轉行的事了，只剩單純的吐槽和抱怨。上這種班有什麼未來嘛，就是混吃等死；同事都特別無聊，除了家長裡短沒有別的話題；科長是個油膩中年男，每天早會都噴著韭菜味的口氣。

不滿意和不滿足像是溼滑雪道上越滾越大的雪球，終於壓得她喘不過氣來。她偷偷聯繫了幾家公司，有的根本沒回音、有的面試之後就再沒音訊，只有一家初創公司向她伸出橄欖枝，卻被她自己拒絕了。

「我都快三十歲了，要我跟一群毛頭學生一起從頭開始，那怎麼行。」

我有點懂得她那句感慨中的不滿與不甘心。過去的那些年，那份如同雞肋一般的工作成了她敝帚自珍的沉沒成本。沒有被珍藏的價值和升值的空間，卻又捨棄不起。

前幾天，有個女孩找我聊天，抱怨父母專制，不僅干涉她的戀愛關係，就連交個朋友也要經過父母火眼金睛的嚴格審查。她快被逼瘋了，連著在好幾個深夜找我商量對策。她已經開始工作，卻還住在家裡，我建議的第一步就是先搬出來自己住，有了獨立的空間，才有爭取自由的資格。

她諾諾應承，然後又問：「可是我爸媽肯定不會同意的，我要是硬搬就得鬧翻，說不定他們還會跟我斷絕關係，到時候可怎麼辦？我剛畢業也沒多少錢，房子倒是租得起，但生活品質肯定就沒法保證了……我們這個城市不大，我要是跟父母鬧翻了，別人會怎麼看我呢？會不會說什麼閒話？」

像是把自己整個人生打包壓縮，試圖在我這裡尋找一個安全穩妥的打怪攻略，有了那一紙答案之後，才敢邁步向前。我也能夠理解那種膽怯。我們不都是這樣的嗎？在已得到和會失去中間牢牢抓住眼下，在熟悉和未知之間毫不猶豫的選擇當下的安全。

有一寸光，照一寸亮；有一口糧，籌畫一段生計。精打細算，聰明有餘，卻從不敢冒險。正是因為如此，我有時特別羨慕那種勇敢的人。她們是那種看到苗頭不對，就敢堅定的說「不」的人，那種乾脆果斷和「無論什麼代價老娘都付得起」的決心，總是自帶神擋殺神，佛擋殺佛（按：任何人不能阻擋你做什麼）的硬氣。

認識一個在紙媒工作的姊姊，前幾年放棄了年薪三十萬的高階主管職位，自降身價跑到了一家新媒體企業。聊起之前錢賺得有多容易時也不是不肉疼，但紙媒的衰落已成定勢，再捨不得也要捨。她離開時，那家公司還能在表面上維持一片繁榮。不過短短三年，縮印、裁員、停刊，一切都快得讓人來不及反應。前同事們一片驚惶，而早已離開的她卻已經找準了新媒體的命門，做得風生水起。

通用電氣的傳奇CEO傑克．威爾許講過這樣的一句話：

不要做沉沒巨輪上的最後一人。

可直到它真的沉沒的那一刻，又有幾個人能戰勝僥倖心理呢？不是不知道船會沉，只是還不夠勇敢。說來也蠻好笑的，有時候越是聰明的人，就越是很難勇敢。

像一個殫精竭慮的圍棋手，算一步不夠、三步不夠，總想要看到十步之外，確保勝利無虞之後才肯邁步。跳個槽希望薪水、福利和年終獎金只漲不跌，少一點都像是巨大的損失；為自己爭取什麼東西時總是小心翼翼的計算著，如何才能用最少的代價換取最大的利益；盤算著自己走的那條路是不是兩點之間最短的那一條，計較著自己的付出和得到是否守恆。

反而是那些看上去「笨一點」的人更有勇氣。她們好像從來都不懂什麼人生規畫，想做什麼就去做，去做了就堅持下去。她們也不大會算計利弊得失，寧願以虧本的狀態開啟另一段生活。可正是這種看上去不甚精明的人，往往才是最大的贏家。

因為不計較，所以不會失去；因為不在意，所以不會受傷；每一點收穫，都配得上自己的努力。人生本就是暗夜趕路，你永遠不知道下一腳踩中的是水窪還是土地。你邁出的每一步，都是運氣和努力制衡的賭局。願你聰明，看得懂未來，也算得出代價。也願你有一點勇氣，敢於去改變、去冒險、去捨棄。

10 在原生家庭受的傷，別用來傷害自己

成長沒有魔法棒，重塑自己的路只能自己來走，而堅信「我可以」，則是最強大的動力來源。

一個剛考完高中會考的小姑娘找我聊天，為自己敏感自卑的性格憂心不已。她家境平平，父親在外打工，每月只寄生活費回家，對她從無半點關心；母親為了讓她專心學習，採取高壓的管教方式，動輒打罵，也不讓她跟任何同學交往。她沒有朋友，也沒有任何娛樂活動，每天都小心翼翼的看著母親的臉色，生怕一不小心就招來一通怒吼。

她會考的成績很好，收到了一所著名高中的錄取通知書。她被拉進一個同級新生的QQ群組，那個三百多人的群組，對她而言，猶如另一片天地。

「她們討論的明星我不認識，她們聊的綜藝我沒看過，她們討論八月哪裡的風景最美，可我連省都沒出過。」她說。

明明是站在同一條起跑線上的人，在那一瞬間，卻發現彼此間隔著天塹。有次她終於鼓起勇氣在群組裡說了句話，其他人卻正聊得火熱，根本沒人注意到她，她便對著手機焦慮得抓了狂：是不是我說錯話？為什麼不理我？那個表情是什麼意思，嘲笑我嗎？她甚至

一個人躲在房間裡偷偷的哭了一場，為自己的笨拙、自卑和敏感，也為自己的不被喜歡。

我太能理解那種感覺了，就像初進榮國府的林妹妹，處處小心、步步留意，生怕出了醜被人當成笑話。官家出身的林妹妹尚且如此，更何況家境普通又從來沒被妥善愛過的她。物質上和精神上的雙重匱乏本來就是巨大的壓力，更何況目力能及的都是比自己更好的人。

她們青春自信、見多識廣、能夠輕鬆的掌控談話的節奏，也可以在群裡討論 Mac Pro 和 Mac Air 哪個更好用？那些原本無心的對話在她看來，都是向她暗示著「妳不行」的棍棒刀劍。原本期待的開學成為了她的噩夢，她甚至會忍不住想，如果自己考得差一點就好了。考得差一點就不必去大城市了，就不用認識這些人，就不會被比得一無是處了。

這想法聽起來真傻，卻也讓人忍不住心疼，有人的原生家庭是福，但對於另一些人來說，卻是無法承受之重。物質上的改善，歸根結柢只是時間的問題，可精神上的匱乏，卻不是幾句「要加油」、「要努力」就能抹去的烙印。

我認識一個女孩，事事謹小慎微，從不跟人紅臉，即便是對方無理取鬧，也能一直忍氣吞聲，甚至還能保持微笑。被室友欺負如是，被男友劈腿也如此。後來才知道，她從小就被父母寄養在舅舅家，自小學會看人臉色，逐漸養成了這樣逆來順受的性格。原來她笑時，也不是無所謂的啊。不過是伸手不打笑臉人。彷彿始終保持假笑，就能讓自己免遭更多的痛苦。

還有一個男生，平時溫文爾雅風度翩翩，可是一談戀愛，就會不由自主的變成控制狂，好幾次戀愛都因此而無疾而終。他就是出自這樣的一個家庭，他上小學時母親出軌，父親身在外地不聞不問。他日日看著母親跟其他的男人並肩調笑，一邊深恨母親的不檢點，一邊埋怨父親的不關心。所以他才會以為戀愛就是要把一個人牢牢的捏在手中，只要控制住了對方的交際圈，就可以得到一個人的心。

他們都是受過高等教育的聰明人，這些話說開來，他們自己也是不信的。她不相信討好就能安全，他也不認同控制等於幸福。可是你看，原生家庭的影響就是這麼大，可以讓一個人在潛意識中被自己並不認同的理念牽著鼻子跑。

不知道你有沒有留意到，無論是在身邊還是在網路上，喜歡討論「原生家庭」的群體，大多數都是十八歲到三十歲之間的人。再小一些，不理解原生家庭的概念，再成熟一些，人格都已定型，討論得也無濟於事。而十八歲到三十歲，恰好是大多數人的認知形成期。你會在這段時間裡開始自我檢視和自我懷疑，能夠明確的意識到自己的缺點和短處，發現自己並不是想像中那個很好、很優秀的大人。

這樣的發現無疑會讓人感到痛苦，於是原生家庭便成為了一個巨大的泔水桶（按：盛使用過的髒水的桶子），你把對自己所有的不滿都一股腦的倒進去，甚至還會遇到同來倒垃圾的朋友，三五扎堆的吐槽起自己的父母和家庭，吐完苦水互相安慰幾句，然後又不痛不癢的散去。

對啊，**我們的原生家庭都不夠好。但萬幸的是，我們始終具有重塑自我的能力**。而十八歲到二十二歲這段時間，正是一個人重塑自我最好的時機。

不得不和室友朝夕相處的宿舍生活和利益衝突不多的人際關係，是一個人培養社會能力最好的土壤，它讓你藉由交往來認識他人，也藉由關係來認識自己。你為什麼發火？為什麼害怕？為什麼無法信任他人？誰讓你覺得舒服？哪句話讓你感動？你想成為什麼樣的人？別人是怎麼聊天的？我跟對方的差距在哪裡？這些差距要如何彌補？

這些細微的自我察覺，就是你重生的開始，而你遇到什麼樣的人，直接決定了你能成為怎樣的自己。能跟優秀的人組隊，真的是一件很幸運的事。所以，不要逃。哪怕它伴隨痛苦、焦慮和失望，它也終將帶領你走向更好的人生。

成長沒有魔法棒，沒有誰輕飄飄的點你一下，你就馬上能變成心目中那個理想的自我。重塑自己的路只能自己來走，而堅信你可以，則是最強大的動力來源。我很喜歡三毛的那段話：

所有的人，起初都只是空心人，所謂自我，只是一個模糊的影子，全靠書籍繪畫音樂電影裡他人的生命體驗喚出方向，並用自己的經歷去充填，漸漸成為實心人。

而在這個由假及真的過程裡，最具決定性的力量，是時間。沒有傘的孩子，你要跑得更快，覺醒得更早。

國家圖書館出版品預行編目（CIP）資料

成熟：身段要軟、方法要硬、自尊能顧，
這是做自己的最好方式 / 陶瓷兔子著.
-- 臺北市 : 大是文化，2020.01
272面；17×23公分. --（Think；189）
ISBN 978-957-9654-49-4（平裝）

1. 成功法

177.2　　108017582

Think 189

成熟

身段要軟、方法要硬、自尊能顧，這是做自己的最好方式

作　　者／陶瓷兔子
責任編輯／蕭麗娟
校對編輯／馬祥芬
美術編輯／張皓婷
副總編輯／顏惠君
總 編 輯／吳依瑋
發 行 人／徐仲秋
會　　計／林妙燕
版權經理／郝麗珍
行銷企劃／徐千晴
業務助理／王德渝
業務專員／馬絮盈
業務經理／林裕安
總 經 理／陳絜吾

出 版 者／大是文化有限公司
臺北市 100 衡陽路 7 號 8 樓
編輯部電話：（02）23757911
購書相關資訊請洽：（02）23757911 分機 122
24 小時讀者服務傳真：（02）23756999
讀者服務 E-mail：haom@ms28.hinet.net
郵政劃撥帳號／19983366　戶名／大是文化有限公司

法律顧問／永然聯合法律事務所
香港發行／里人文化事業有限公司 "Anyone Cultural Enterprise Ltd"
地址：香港新界荃灣橫龍街 78 號正好工業大廈 22 樓 A 室
22/F Block A, Jing Ho Industrial Building, 78 Wang Lung Street,
Tsuen Wan, N.T., H.K.
電話：（852）24192288
傳真：（852）24191887
E-mail：anyone@biznetvigator.com

封面設計／Patrice
內頁排版設計／Judy
印　　刷／緯峰印刷股份有限公司
出版日期／2020 年 1 月初版
定　　價／新臺幣 340 元（缺頁或裝訂錯誤的書，請寄回更換）
ISBN 978-957-9654-49-4